Seraphine Leonhard

Bürgerbeteiligung in der kommunalen Stadtplanung

Eine kritische Betrachtung partizipativer Möglichkeiten am Beispiel Mediaspree

Diplomica Verlag GmbH

Leonhard, Seraphine: Bürgerbeteiligung in der kommunalen Stadtplanung: Eine
kritische Betrachtung partizipativer Möglichkeiten am Beispiel Mediaspree.
Hamburg, Diplomica Verlag GmbH 2013

Buch-ISBN: 978-3-8428-6233-3
PDF-eBook-ISBN: 978-3-8428-1233-8
Druck/Herstellung: Diplomica® Verlag GmbH, Hamburg, 2013

Bibliografische Information der Deutschen Nationalbibliothek:
Die Deutsche Nationalbibliothek verzeichnet diese Publikation in der Deutschen
Nationalbibliografie; detaillierte bibliografische Daten sind im Internet über
http://dnb.d-nb.de abrufbar.

Das Werk einschließlich aller seiner Teile ist urheberrechtlich geschützt. Jede Verwertung außerhalb der Grenzen des Urheberrechtsgesetzes ist ohne Zustimmung des Verlages unzulässig und strafbar. Dies gilt insbesondere für Vervielfältigungen, Übersetzungen, Mikroverfilmungen und die Einspeicherung und Bearbeitung in elektronischen Systemen.

Die Wiedergabe von Gebrauchsnamen, Handelsnamen, Warenbezeichnungen usw. in diesem Werk berechtigt auch ohne besondere Kennzeichnung nicht zu der Annahme, dass solche Namen im Sinne der Warenzeichen- und Markenschutz-Gesetzgebung als frei zu betrachten wären und daher von jedermann benutzt werden dürften.

Die Informationen in diesem Werk wurden mit Sorgfalt erarbeitet. Dennoch können Fehler nicht vollständig ausgeschlossen werden und die Diplomica Verlag GmbH, die Autoren oder Übersetzer übernehmen keine juristische Verantwortung oder irgendeine Haftung für evtl. verbliebene fehlerhafte Angaben und deren Folgen.

Alle Rechte vorbehalten

© Diplomica Verlag GmbH
Hermannstal 119k, 22119 Hamburg
http://www.diplomica-verlag.de, Hamburg 2013
Printed in Germany

Inhaltsverzeichnis

Inhaltsverzeichnis I
Abbildungsverzeichnis IV
Tabellenverzeichnis V
Abkürzungsverzeichnis VI

1. Einleitung 1
   1.1 Problem- und Zielstellung 1
   1.2 Methodik 4
2. Einführung in die Bürgerbeteiligung 7
   2.1 Ursprünge der Partizipation und ihre Einordnung in die Demokratie 7
   2.2 Ziele und Akteure 8
   2.3 Erscheinungsformen 9
3. Formelle und informelle Bürgerbeteiligung 10
   3.1 Formelle Beteiligungsverfahren 10
   3.2 Informelle Beteiligungsverfahren 12
4. Methoden der Bürgerbeteiligung 13
   4.1 Bürgerpanel 13
   4.2 Bürgerversammlung 15
   4.3 Open Space 16
   4.4 Planungszelle 17
   4.5 Zukunftswerkstatt 18
   4.6 Elektronische Beteiligungsverfahren 19
   4.7 Zusammenfassung der Kapitel 4.1 bis 4.6 21
   4.8 Bürgerentscheid 22
5. SWOT Analyse 24
   5.1 Begrifflichkeit 24
   5.2 SWOT Analyse der Bürgerbeteiligung in Berlin 25
      5.2.1 Methodik 25
         5.2.1.1 Grundlagen 25
         5.2.1.2 Marktanteils-Marktwachstums-Matrix 26
      5.2.2 Umweltanalyse 28
         5.2.2.1 Chancen 28
         5.2.2.2 Risiken 32
      5.2.3 Interne Analyse 33

5.2.3.1 Stärken	33
5.2.3.2 Schwächen	34
5.2.4 Strategien	36
5.2.4.1 Stärken-Chancen-Strategien	37
5.2.4.2 Stärken-Risiken-Strategien	38
5.2.4.3 Schwächen-Chancen-Strategien	38
5.2.4.4 Schwächen-Risiken-Strategien	38
6. Praktisches Beispiel	**40**
6.1 Methodik	40
6.2. Städtebauliche Entwicklung Berlins seit dem 19. Jahrhundert	41
6.2.1 Vom 19. Jahrhundert bis zur Wiedervereinigung	41
6.2.2 Berlin nach dem Mauerfall	41
6.2.3 Stadtumbau West	43
6.2.4 Aktuelle immobilienwirtschaftliche Situation in Friedrichshain-Kreuzberg	44
6.3 Mediaspree	45
6.3.1 Einführung	45
6.3.2 Mediaspree GmbH	47
6.3.3 Mediaspree Versenken	48
6.3.4 Offenes Forum Kreative Spree	49
6.3.5 Bürgerentscheid ‚Spreeufer für alle'	49
6.3.5.1 Vom Bürgerbegehren zum Bürgerentscheid	49
6.3.5.2 Ergebnisse des Bürgerentscheids	50
6.3.5.3 Folgen des Bürgerentscheids und weitere Entwicklung der Proteste	51
6.3.6 Mediaspree heute	52
6.3.7 Anschutz Areal und SpreeUrban	55
6.3.7.1 Anschutz Areal	56
6.3.7.2 SpreeUrban	60
6.3.7.3 Vergleich Anschutz Areal und SpreeUrban im Kontext des Beteiligungsprozesses	66
7. Fazit und Ausblick	**70**
7.1 Bewertung der Zielstellung	70
7.2 Ausblick	73

Anhang **76**
Quellenverzeichnis **78**
    a)   Literaturquellen 78
    b)   Internetquellen 80

Abbildungsverzeichnis

Abbildung 1: Erfolgsgenerierung oder Beteiligungszahlen im Lebenszyklus einer
Partizipationsmethode 26
Abbildung 2: Freiwilliges Engagement nach Altersgruppen 1999 und 2004 in Ost- und
Westberlin 31
Abbildung 3: Partizipationsquoten nach Bevölkerungsgruppen 1992 bis 2008 -
Politisches Interesse 35
Abbildung 4: Partizipationsquoten nach Bevölkerungsgruppen 1992 bis 2008 –
Politische Partizipation 35
Abbildung 5: Lage Mediaspree Gebiet 46
Abbildung 6: Anschutz Areal 57
Abbildung 7: Quartier an der Michaelbrücke 64
Abbildung 8: Kreativdorf 64

Tabellenverzeichnis

Tabelle 1: Vor- und Nachteile des Bürgerpanels 14
Tabelle 2: Vor- und Nachteile der Bürgerversammlung 15
Tabelle 3: Vor- und Nachteile des Open Space 16
Tabelle 4: Vor- und Nachteile der Planungszelle 18
Tabelle 5: Vor- und Nachteile der Zukunftswerkstatt 19
Tabelle 6: Vor- und Nachteile elektronischer Beteiligungsverfahren 21
Tabelle 7: Fragestellungen im Rahmen einer SWOT Analyse 24
Tabelle 8: Auswahl an Neubauten und Sanierungen an der Mediaspree seit 2000 53
Tabelle 9: Übersicht Fakten Anschutz Areal und SpreeUrban 56
Tabelle 10: Gemeinsamkeiten zwischen Anschutz Areal und SpreeUrban 66
Tabelle 11: Unterschiede zwischen Anschutz Areal und SpreeUrban 67
Tabelle 12: Eigenschaften der Methoden bürgerlicher Beteiligung 76
Tabelle 13: Chancen, Risiken, Stärken, Schwächen und sich daraus ergebende
        Strategien 77

Abkürzungsverzeichnis

Abb.	Abbildung
BGF	Bruttogeschossfläche
BSR	Berliner Stadtreinigungsbetriebe
ebd.	ebenda
eG	eingetragene Genossenschaft
e.V.	eingetragener Verein
f.	(und die) folgende
ff.	(und die) folgenden
Hrsg.	Herausgeber
IHK	Industrie- und Handelskammer
IT	Informationstechnik
max.	maximal
mind.	mindestens
SWOT	Strengths-Weaknesses-Opportunities-Threats
teilw.	teilweise
u.	und
z.B.	zum Beispiel

1. Einleitung

1.1 Problem- und Zielstellung

Das Good Governance als die international anerkannte Idealvorstellung einer guten Regierungsführung impliziert vor allem einen, derzeit weit über Deutschlands Grenzen hinaus hitzig diskutierten Aspekt: die Öffentlichkeitsbeteiligung. Dieser auch unter dem Begriff der Partizipation verbreitete Terminus schließt jegliche Maßnahmen, Initiativen sowie alle Methoden und Modelle mit ein, die einen Beitrag zu demokratischen Entscheidungsprozessen möglich machen.[1]

Auch im EU-Raum arbeitet man auf Politikebene an der sorgfältigen Integration der Partizipation in die Politikgestaltung, damit Bürgerinnen und Bürger sowie zivilgesellschaftlich tätige Organisationen diesbezüglich künftig eine intensivere Berücksichtigung erfahren. Diese Aufgabe zieht sich von der EU-Ebene durch die nationale bis hin zur regionalen Ebene.[2]

„Alle Staatsgewalt geht vom Volke aus. Sie wird vom Volke in Wahlen und Abstimmungen und durch besondere Organe der Gesetzgebung, der vollziehenden Gewalt und der Rechtsprechung ausgeübt."[3] heißt es in Artikel 20, Absatz 2 unseres Grundgesetzes. Dieser Auszug macht deutlich, wie abhängig eine Demokratie vom Mitspracherecht der an ihr teilhabenden Personen ist. Trotz dieser dem Demokratiegedanken zugrunde liegenden Herrschaft durch das Volk ist es aufgrund der unzähligen, tagtäglich zu treffenden Entscheidungen heutzutage vonnöten, Parlamente, Regierungen und öffentliche Verwaltungen im Namen des Volkes Entscheidungen treffen zu lassen.[4]

Bürger[5] haben trotz dessen eine Vielzahl an Möglichkeiten, selbst an ihrer Volksherrschaft teilzuhaben: sie können sich selbst in die erwähnten Volksvertretungen wählen lassen, sie können über verschiedene politische Themen mittels Volksbegehren und Volksentscheid selber verfügen, sie können die Parlamente durch Bürgerbegehren die Erörterung bestimmter Entscheidungen auferlegen, sie können Ehrenämter bekleiden und vieles mehr. Es gibt unzählige Formen bürgerschaftlichen Engagements, um einen persönlichen Beitrag zum Gemeinwesen zu leisten.[6]

---

[1] Vgl. Senatsverwaltung für Stadtentwicklung Berlin: Handbuch zur Partizipation (2011). S. 14.
[2] Vgl. Trattnigg: Neue Formen partizipativer Demokratie (2010). S. 9f.
[3] Jarass/ Pieroth: Grundgesetz für die Bundesrepublik Deutschland (2011). S. 485.
[4] Vgl. Senatsverwaltung für Stadtentwicklung Berlin: Handbuch zur Partizipation (2011). S. 14f.
[5] Bei der Verwendung des Begriffs ‚Bürger' handelt es sich in diesem Buch stets sowohl um männliche als auch um weibliche Bürger.
[6] Vgl. Senatsverwaltung für Stadtentwicklung Berlin: Handbuch zur Partizipation (2011). S. 15f.

Am häufigsten findet Öffentlichkeitsbeteiligung statt, wenn es um Planungs- und Entscheidungsprozesse bezüglich der Gestaltung von Plätzen und Räumen geht oder aber wenn die Quartiersentwicklung oder die Verteilung von Budgets im Fokus stehen.

Dies hat zur Folge, dass, neben allen anderen politischen Ebenen, auf denen Partizipation stattfindet, insbesondere die Kommunen eine große Rolle spielen. Dies lässt sich in der Tatsache begründen, dass die Bürgerinnen und Bürger hier „Subjekt[e] [ihres] eigenen Handelns"[7] sind. Nur auf dieser Ebene existieren für sie greifbare Ansätze für einen Beitrag zur Gesellschaft.[8]

Der unumstrittene Wandel der Gesellschaft bringt auch Veränderungen im Bereich der Öffentlichkeitsbeteiligung mit sich. Viele Formen der Partizipation treten an Attraktivität ab und werden ersetzt durch andere, die sich ganz neu bilden. Ein Grund hierfür können beispielsweise fortgeschrittene technische Gegebenheiten sein.[9]

Der größte Wandel der letzten Jahre liegt aber wohl trotzdem im nunmehr vorherrschenden Trend zur Individualität in Deutschland und in vielen anderen Ländern. Gleichzeitig wendet sich die Bürgerschaft mehr und mehr von der Politik und ihren Parteien ab.[10]
Die Ursache dafür liegt im schwindenden Vertrauen der Bürgerinnen und Bürger in diejenigen Personen der Politik, die sie selbst gewählt und sich im gleichen Zug von deren Entscheidungen und Handlungen abhängig gemacht haben.
Entstanden ist hieraus eine Art „Zuschauerdemokratie"[11], in der jegliche Zusammenarbeit der einzelnen Bestandteile einer Gesellschaft nicht mehr gegeben ist. Werden politische Entscheidungen heutzutage offiziell akzeptiert, hat dies im seltensten Fall mit bedingungsloser Zustimmung zu tun. In der Regel handelt es sich hier eher um eine simple Hinnahme der Gegebenheiten, die oftmals Hand in Hand geht mit einer Art passiver Frustration. Letztere kann ohne Vorwarnung ausufern in Protest und Widerstand.[12]

Diese Problematik spitzt sich aktuell fortwährend zu und gipfelt in Ausartungen wie beim Bahn- und Stadtentwicklungsprojekt Stuttgart 21 oder der Flugrouten-Festlegung am neuen Flughafen Berlin-Brandenburg.

---

[7] Stock: Bürgerbeteiligung als Weg zur lebendigen Demokratie (2009). S. 5.
[8] Vgl. Stock: Bürgerbeteiligung als Weg zur lebendigen Demokratie (2009). S. 4f.
[9] Vgl. Senatsverwaltung für Stadtentwicklung Berlin: Handbuch zur Partizipation (2011). S. 15ff.
[10] Vgl. Beck: Bürgerengagement und Bürgerbeteiligung – Neue Chancen für die Demokratie (2009). S. 12.
[11] Stock: Bürgerbeteiligung als Weg zur lebendigen Demokratie (2009). S. 5.
[12] Vgl. ebd. S. 5f.

Aber auch minder große Stadtentwicklungsprojekte oder Infrastrukturvorhaben werden immer häufiger von Widerstand und Protest begleitet, sodass der ein oder andere Beobachter den Eindruck gewinnen könnte, dass es sich hier beinahe um einen grundsätzlichen Widerstand gegen jede Art von Wandel handelt.

Das Ergebnis dieser Zustände ist, dass eine große Verunsicherung auf allen Seiten vorherrscht. Sowohl die Entscheidungs- und Projektträger als auch die Bürgerinnen und Bürger bauen teilweise grundsätzliche Vorurteile über die jeweils andere Partei auf.[13]

Die daraus resultierende Form der Demokratie ist nicht nur rundum ineffektiv, sondern sie weist auch keinerlei Stabilität mehr auf. Dem muss entgegen gewirkt werden, damit die Bundesrepublik zurück findet zu einer lebendigeren Demokratie.[14]

Aus diesem Grund wird die vorliegende Studie einen fundierten Überblick über die eingangs bereits erwähnte Vielzahl an Möglichkeiten für einen jeden Bürger geben, wie er sich am politischen Geschehen beteiligen kann. Denn viele dieser Chancen werden schlicht und einfach nur deshalb nicht wahrgenommen, weil kaum jemand von ihrer Existenz weiß.

Sinn und Zweck soll es weiterhin sein, die Wichtigkeit und Tragweite von Partizipation zu erkennen und vor allem zu verstehen, weshalb das hier behandelte Thema trotz der momentan weit verbreiteten Lethargie diesbezüglich aktueller ist denn je. Dies soll vor allem deutlich werden im praktischen Teil dieser Studie, in dem anhand eines in Berlin stattgefundenen und noch immer stattfindenden Partizipationsprozesses vor allem die lokale Relevanz der Problematik deutlich gemacht wird.

Das konkrete Ziel der folgenden Ausführungen ist es also, den Leser theoretisch sowie praktisch an bestehende Möglichkeiten und Entwicklungen heranzuführen und vor allem Anregungen dahingehend zu geben, wie Bürger und Kommunen bestehende Hindernisse überwinden können, um mithilfe von Beteiligung den lädierten Grundpfeilern unserer Demokratie zu neuen Kräften zu verhelfen.

---

[13] Vgl. Beckmann: Bürgerbeteiligung in Kommunen (2012). S. 5f.
[14] Vgl. Stock: Bürgerbeteiligung als Weg zur lebendigen Demokratie (2009). S. 5.

1.2 Methodik

Die folgende Ausarbeitung wird deduktiv aufgebaut sein.

Zunächst werden dazu in Kapitel zwei die relevanten Grundlagen geklärt. Der Titel gebende Begriff der Bürgerbeteiligung wird in seinen Ursprüngen, seiner Einordnung in den Kontext der Demokratie, seiner Ziele, seiner Beteiligten und seiner grundsätzlichen Erscheinungsformen dem Leser näher gebracht, um ihm für die darauf folgenden Kapitel ein geeignetes theoretisches Basiswissen zu vermitteln.

Der Unterschied zwischen formeller und informeller Bürgerbeteiligung wird in Kapitel drei dargelegt, um insbesondere die in Kapitel vier abgehandelten, verschiedenen Formen der Bürgerbeteiligung richtig einordnen zu können.
Letztere werden nach dem Schema ‚Definition, Präsenz und Einfluss' aufgebaut sein. Bei den hier thematisierten Methoden handelt es sich um das Bürgerpanel, die Bürgerversammlung, den Open Space, die Planungszelle, die Zukunftswerkstatt sowie das sehr aktuelle Thema der E-Partizipation.
Die Auswahl dieser Verfahren beruht nicht auf einer persönlichen Auswahl durch den Verfasser dieses Buches, sondern auf dem Prinzip der in der im Zuge der Bearbeitung verwendeten Literatur am relevantesten dargestellten Themen.
In Hinblick auf das diese Studie krönende praktische Beispiel wird an dieser Stelle ebenfalls ein Blick auf die Hintergründe und den Ablauf eines Bürgerentscheides geworfen. Dieser wird abschließend als eigenständiger Punkt betrachtet, da sowohl sein Ursprung, als auch seine Macht und Wirkung sich immens von den vorangegangen behandelten Methoden unterscheiden und ein Vergleich somit unangebracht scheint.

Nachdem dieses Basiswissen der verschiedenen Möglichkeiten von Partizipation im Generellen vermittelt wurde, folgt in Kapitel fünf eine sogenannte SWOT-Analyse der Bürgerbeteiligung im Rahmen unserer Landeshauptstadt, anhand derer die Vor- und Nachteile sowie hier bestehende Chancen und Risiken der behandelten Thematik deutlich gemacht werden sollen.
Wie jede SWOT-Analyse wird auch diese das Ziel haben, anhand der Kombination der zusammen getragenen Stärken, Schwächen, Chancen und Risiken geeignete Strategien zu erarbeiten, durch deren Anwendung eine Optimierung der partizipativen Verhältnisse in Berlin ermöglicht werden kann. Außerdem wird in diesem Kontext der Versuch unternommen, das theoretische Konzept einer SWOT-Analyse nach Coenenberg und Gün-

ther[15] auf die im Rahmen dieser Ausarbeitung vorgestellten partizipativen Methoden anzuwenden. Die genaue methodische Vorgehensweise diesbezüglich wird in Kapitel 4.2.1.2 näher erläutert.

Der praktisch orientierte Teil dieses Aufsatzes befasst sich im Rahmen des sechsten Kapitels mit dem Thema Mediaspree.
Als eines der größten Investorenprojekte Berlins kann dieser Auslöser für einen sehr bedeutenden Partizipationsprozess für die Berliner Bürgerschaft dem Leser die vorangegangen behandelten, theoretischen Grundlagen an einem ihm gegebenenfalls sogar bereits bekannten Beispiel anwenden.
Die Neubebauung des Spreeufers, die in den letzten Jahren für viel Diskussion in der Landeshauptstadt sorgte, zählt wohl zu den spannendsten Auseinandersetzungen zwischen Politik und Bürgerschaft, die sich aktuell im Bundesgebiet vollziehen.
Zusätzlich ist an dieser Stelle zu erwähnen, dass das Thema Mediaspree eines der wenigen in Berlin ist, die nicht nur brisant sind, sondern für die auch ein gewisses Maß an geeigneter Fachliteratur existiert, um einem Aufsatz diesen Umfangs gerecht zu werden.

Ein historischer Abriss der für die Mediaspree relevanten Geschehnisse in Berlin seit der letzten Jahrtausendwende wird deshalb die Einführung in diesen Fall geben.
Im Anschluss werden zwei im Mediaspree Gebiet ansässige Grundstücke dann näher betrachtet, die für einen Großteil des Aufruhrs um die Neubebauung verantwortlich waren und sind: das Grundstück, auf dem im Jahr 2008 die Eröffnung der O2 World stattfand sowie das sogenannte Bauprojekt SpreeUrban.
Hier erfolgte die Auswahl der geeignetsten praktischen Beispiele anhand des Intensivitätsgrades der Bürgerbeteiligung im Zusammenhang mit den einzelnen Mediaspree-Projekten. Da sowohl die O2 World als auch das Grundstück der SpreeUrban außerdem bis heute mit Abstand am stärksten in den Medien vertreten sind, fiel die Wahl auf sie.

Abschließend wird ein in Kapitel sieben formuliertes Fazit zusammenfassend auswerten, inwiefern die eingangs formulierte Zielstellung erreicht wurde.
Hier ist insbesondere das Ziel der zu findenden Handlungsempfehlungen für Bürger und Kommunen von Bedeutung.
Ein finaler Ausblick wird hiernach Aufschluss darüber geben, wie sich das Thema Bürgerbeteiligung auf Bundeslandebene weiter zu entwickeln vermag.

---

[15] Vgl. Coenenberg/ Günther: Grundlagen der strategischen, operativen und finanzwirtschaftlichen Unternehmenssteuerung (2011). S. 16ff.

Wie voran gegangen bereits angedeutet, wird sich der Großteil der folgenden Ausführungen auf den Raum Berlin beschränken, da auf diese Weise eine detailliertere und gründlichere Betrachtung vorgenommen werden kann, als wenn die Thematik geografisch gesehen noch weiter ausgedehnt würde.

Des Weiteren ist vorab zu erwähnen, dass es sich hier nicht um die Ansammlung von relevanten Gesetzen oder ähnlichem handeln wird.
Die Richtung, in die diese Studie gehen soll, ist keine rechtliche oder finanzwirtschaftliche, sondern eine kritische. Es wird auf eine kritische Art und Weise vor allem die Sicht des Bürgers auf die thematisierte Materie dargestellt, da sich auch der Bürger mit diesem Buch angesprochen und aufgeklärt fühlen soll.

2. Einführung in die Bürgerbeteiligung

2.1 Ursprünge der Partizipation und ihre Einordnung in die Demokratie

Die Demokratie, die hierzulande geltende ‚Herrschaft des Volkes', erlebte ihre Geburtsstunde bereits im antiken Griechenland.

Seit dem ist sie stets und ständig im Wandel, um sich permanent an heranwachsende Ansprüche und neue externe Herausforderungen anzupassen. Bereits im fünften Jahrhundert vor Christi galt in der attischen Demokratie die Ansicht, Demokratien seien aufgrund ihrer Anpassungs- und Lernfähigkeit wesentlich stabiler als andere Herrschaftsformen.

Keine Demokratie kann ohne Partizipation und Gewaltenteilung existieren. Sie sorgen für eine breite Streuung der Macht und einen öffentlichen Diskurs bezüglich politischer Abläufe, um autoritären Regimes entgegen zu wirken.[16]

Die Herrschaft des Volkes äußert sich durch dessen aktive Beteiligung an politischen Entscheidungen. Das bedeutet, das Prinzip der Partizipation geht immer von Seiten der Bürgerinnen und Bürger aus und sollte dabei stets auf einer freiwilligen Basis beruhen.

Trotz der notwendigen Initiative durch die Bürgerschaft sollten Politik und Verwaltung es als ihre Pflicht ansehen, das Interesse und die Bereitschaft der Bürger an Beteiligung zu unterstützen und zu fördern.[17]

Der unmittelbare Kontakt eben dieser beiden Parteien, der Bürgerschaft und der Politik, ist vor allen Dingen auf lokaler und regionaler Ebene immens hoch, weshalb das demokratische Grundprinzip der Bürgerbeteiligung in diesem Rahmen besonders gut gedeihen kann. Aus diesem Grund entstehen auch insbesondere auf dieser Ebene immer neue Formen von Partizipation.

Als Konsequenz dieser Relevanz der lokalen Ebene für die Bürgerbeteiligung wird auch eben diese im Fokus dieser Studie stehen.[18]

---

[16] Vgl. Roth: Durch Beteiligung zur Bürgerdemokratie (2011). S. 45f.
[17] Vgl. Senatsverwaltung für Stadtentwicklung Berlin: Handbuch zur Partizipation (2011). S. 17.
[18] Vgl. Trattnigg: Neue Formen partizipativer Demokratie (2010). S. 19.

2.2 Ziele und Akteure

Zu den wesentlichsten Partizipationszielen gehört es, politischen Entscheidungen einen Anstoß zu geben, sie vorzubereiten und natürlich auch, sie zu treffen. Sind diese drei Schritte vollbracht, geht es in erster Linie darum, an der Realisierung und dem Erfolg der getroffenen Entscheidungen teilzuhaben.[19]

Abstrakter betrachtet liegen die Ziele insbesondere darin, seitens der Bürgerinnen und Bürger ein angemessenes Maß an Mitspracherecht bereits während der Planungsphase von Bauprojekten auszuüben, um in der Bevölkerung sowie der Nachbarschaft des jeweiligen Vorhabens eine größtmögliche Akzeptanz zu schaffen. Dies gilt sowohl für das Projekt an sich, als auch für die damit einhergehenden Maßnahmen.[20]

Betrachtet man einen konkreten Partizipationsprozess, liegt sein Zweck immer in der Beantwortung einer Vielzahl von Fragen. Zu diesen Fragestellungen gehören vornehmlich die Existenz von Alternativen zur betreffenden Planung, die ökologischen, ökonomischen, soziokulturellen und politischen Auswirkungen jeder der zu betrachtenden Alternativen und selbstverständlich auch die Bewertung dieser Alternativen durch die einzelnen Beteiligten.

Bei diesen Beteiligten handelt es sich um die einzelnen Bürger, um die Vertreter einzelner Bürgerinteressen sowie die Vertreter von Bürgerinteressen, die nicht direkt zu vertreten sind, wie beispielsweise das Thema Umweltschutz. Des Weiteren gehören zu dieser Gruppe die Inhaber privater Rechte, die möglicherweise von einer Planung betroffen sind und natürlich die Vorhabenträger. Ebenfalls als beteiligt anzusehen sind einzelne Experten zu bestimmten fachlichen Fragen sowie die für Entscheidungsvorbereitungen und die Entscheidungen an sich zuständigen Instanzen wie Politik und Verwaltung beziehungsweise deren Beauftragte.[21]

---

[19] Vgl. Senatsverwaltung für Stadtentwicklung Berlin: Handbuch zur Partizipation (2011). S. 18.
[20] Vgl. Rösler: Klimaschutz ist nicht nur Chefsache! (2012). S. 57.
[21] Vgl. Senatsverwaltung für Stadtentwicklung Berlin: Handbuch zur Partizipation (2011). S. 26f.

2.3 Erscheinungsformen

Im großen Spektrum der Partizipationsmöglichkeiten wird unterschieden zwischen direkter und mittelbarer Beteiligung.
Bei ersterer werden entsprechende Partizipationsrechte direkt, also persönlich wahrgenommen, so wie es beispielsweise bei Wahlen, Volksabstimmungen und –begehren oder der Teilnahme an Demonstrationen der Fall ist.
Im Fall der mittelbaren Beteiligung werden die Bürgerinteressen durch entsprechende Vertreter und Vertreterinnen verfochten. Hier handelt es sich meist um Vereine, Bürgerinitiativen, Vertreter politischer Parteien oder ganz einfach um einzelne Bürger, die informell organisierte Personengruppen vertreten.

Bestimmte Formen der Partizipation können bezüglich ihrer Inhalte rechtlich eingeschränkt werden.
Eines der wohl vertrautesten Beispiele für diesen Sachverhalt stellt die altbekannte Volkswahl dar. Hier hat der Wähler in der Regel keine vollkommene Entscheidungsfreiheit, da er sich lediglich zwischen denjenigen Namen und Listen der Kandidaten, Parteien oder Wählergemeinschaften entscheiden kann, die zur Wahl zugelassen worden sind.

Auch in Bezug auf die Verbindlichkeit der Beteiligungsergebnisse existieren große Unterschiede zwischen den einzelnen Verfahren.
Bei den erwähnten Volkswahlen beispielsweise herrscht eine strikte Bindung an das Ergebnis der Wahl vor. Bei anderen Partizipationsprozessen müssen die Ergebnisse lediglich ‚berücksichtigt' werden und bei wieder anderen besteht ausschließlich die Pflicht zur Kenntnisnahme des Beteiligungsresultats.
Das Kriterium der Formalität soll aufgrund seiner Tragweite deshalb im nächsten Kapitel noch einmal ausführlicher betrachtet werden.[22]

---

[22] Vgl. Senatsverwaltung für Stadtentwicklung Berlin: Handbuch zur Partizipation (2011). S. 20f.

3. Formelle und informelle Bürgerbeteiligung

Der folgende Abschnitt dieses Buches beschäftigt sich mit den beiden möglichen Arten der Formalität bei Partizipationsverfahren. Zu unterscheiden sind hierbei die formelle und die informelle Beteiligung.
Diese sind jedoch nicht als voneinander abzugrenzende, sondern eher als sich ergänzende Verfahren zu verstehen.[23]

3.1 Formelle Beteiligungsverfahren

Die Formalität eines formellen Beteiligungsverfahrens begründet sich in seiner Rechtsgrundlage, denn diese enthält verpflichtende Regelungen bezüglich der Durchführung eines solchen Beteiligungsverfahrens.
Hierzu gehören Themen wie vorhandene Fristen, mögliche Abläufe, die Ausgestaltung und das Ausmaß formeller Beteiligungen sowie die entsprechenden Teilnehmer inklusive ihrer Rechte. Zu guter Letzt ist ebenso verpflichtend festgelegt, wie verbindlich die Ergebnisse eines formellen Beteiligungsverfahrens sind und in welcher Art und Weise diese überhaupt berücksichtigt werden.[24]

Ein Beispiel für formelle Beteiligungen bietet das sogenannte Planfeststellungsverfahren. Hier handelt es sich um ein Genehmigungsverfahren öffentlich-rechtlicher Natur, das im Zusammenhang mit raumbedeutsamen Maßnahmen und Planungen wie einem Autobahnneubau, oder auch dem Ausbau von Häfen und Flughäfen auftritt.[25]
Auch die öffentliche Auslegung von Bebauungsplänen fällt in diese Kategorie. Sie ist in §3 Abs. 2 BauGB geregelt.[26]
Solche raumbedeutsamen Planungen und Maßnahmen treten typischerweise auf bei Verkehrs- oder Energiekonzepten, Landes-, Regionalentwicklungs- oder Abfallwirtschaftsplänen oder auch bei Tourismusprogrammen.

---

[23] Vgl. Schulze-Wolf: Internetgestützte Beteiligung in formellen Planungsverfahren (2010). S. 62ff.
[24] Vgl. Senatsverwaltung für Stadtentwicklung Berlin: Handbuch zur Partizipation (2011). S. 23ff.
[25] Vgl. Stelkens/ Bonk/ Sachs (Hrsg.): §72 Vorschriften über das Planfeststellungsverfahren (2008).
[26] Vgl. Battis/ Krautzberger/ Löhr: §3 Abs. 2 Frühzeitige Öffentlichkeitsbeteiligung (2009).

Oftmals sind jenen Beteiligungsverfahren formeller Art bereits andere Beteiligungsverfahren voran gegangen, die kaum rechtlichen Formalisierungen unterlegen sind. Auch die frühzeitige Öffentlichkeitsbeteiligung im Falle einer Bauleitplanung ordnet sich hier ein.

Ist ein formelles Beteiligungsverfahren vorgeschrieben, empfiehlt es sich oftmals sogar, solche vorgelagerten Beteiligungen ins Leben zu rufen oder ihnen als Mitglied der Politik, Regierung oder Verwaltung zumindest nicht im Wege zu stehen. Wenn zum Beispiel eine Vorentscheidung darüber stattfinden soll, ob und wie ein bestimmtes Projekt fortgeführt wird, würde es sich um ein solches unverbindliches Beteiligungsverfahren handeln, das sich sozusagen als vorbereitende Beteiligung anböte.[27]

Raumbedeutsame Einzelvorhaben finden ihre gesetzliche Grundlage im Baugesetzbuch, im Raumordnungsgesetz des Bundes oder auch in den Landesgesetzen des entsprechenden Bundeslandes. Außerdem spielt das Verwaltungsverfahrensgesetz hier eine große Rolle.
Laut §4 Absatz 1 des Raumordnungsgesetzes müssen alle als verfahrensrelevant eingestuften Stellungnahmen der Bürgerinnen und Bürger, die an einer formellen Bürgerbeteiligung teilgenommen haben, berücksichtigt werden. Das bedeutet, dass jede geäußerte Meinung Einfluss nimmt auf das Ergebnis des Verfahrens.[28]

Je nach Verfahren kann sich eine formelle Beteiligung an unterschiedliche Gruppen der Bevölkerung richten. In manchen Fällen ist das Verfahren an die gesamte Öffentlichkeit adressiert, in anderen lediglich an alle oder auch nur bestimmte Träger öffentlicher Belange wie die Post oder Energieversorger. Bei letzterem fungieren diese dann als Vertreter der Öffentlichkeit.[29]

---

[27] Vgl. Schulze-Wolf: Internetgestützte Beteiligung in formellen Planungsverfahren (2010). S. 62ff.
[28] Vgl. Peine: Öffentliches Baurecht (2003). S. 57f.
[29] Vgl. Schulze-Wolf: Internetgestützte Beteiligung in formellen Planungsverfahren (2010). S. 62ff.

3.2 Informelle Beteiligungsverfahren

Im Gegensatz zu den formellen Beteiligungsverfahren unterliegen die informellen keiner speziellen Gesetzesgrundlage beziehungsweise nur in geringem Maße. Das heißt, die Inhalte sowie die Methodik einer solchen informellen Beteiligung sind in ihrer Gestaltung überwiegend offen.

Trotzdem muss sich auch ein informelles Verfahren an bestimmten Gestaltungsregeln orientieren, um schlussendlich Ergebnisse hervorbringen zu können. Diese Regeln begründen sich jedoch, anders als beim formellen Verfahren, nicht in einer gesetzlichen Grundlage sondern sie können je nach Entscheidungsgegenstand ausgestaltet werden.

Die nötigen Festlegungen sollten möglichst bereits vor, spätestens jedoch mit Beginn des Verfahrens entstehen und entsprechend kommuniziert werden. Hierzu zählen Regelungen bezüglich der sich Beteiligenden, der angewandten Methoden im Verfahren oder auch der Verbindlichkeit seines Ergebnisses. Als Orientierung können also die Grundlagen einer formellen Beteiligung dienen.[30]

Das informelle Beteiligungsverfahren richtet sich in den meisten Fällen an einzelne Bürgerinnen und Bürger, nicht an die breite Öffentlichkeit.[31]

---

[30] Vgl. Senatsverwaltung für Stadtentwicklung Berlin: Handbuch zur Partizipation (2011). S. 25f.
[31] Vgl. Schulze-Wolf: Internetgestützte Beteiligung in formellen Planungsverfahren (2010). S. 62ff.

4. Methoden der Bürgerbeteiligung

Nachdem voran gegangen der Unterschied zwischen formeller und informeller Bürgerbeteiligung erläutert wurde, sollen im Folgenden deren wichtigste Methoden vorgestellt werden. Als wichtig wurde in diesem Fall eine Methode eingestuft, wenn sie zu den fünf der in dieser Studie zugrunde liegenden Literatur am häufigsten behandelten gehört. Zusätzlich zu diesen fünf traditionellen Formen der Bürgerbeteiligung wird ein weiteres, sehr aktuelles Thema fokussiert: die sogenannte E-Partizipation, also die Beteiligung auf elektronischer Basis.

Die Reihenfolge der betrachteten Methoden erfolgt alphabetisch und hat demnach keinerlei Bedeutung in Bezug auf seine Relevanz.

Wie der Bürger die Willensbildung seiner Bezirksverwaltung unmittelbar beeinflussen kann, wird anschließend unter dem Punkt ‚Bürgerentscheid' aufgeklärt. Hierbei handelt es sich jedoch lediglich um eine Betrachtung der Verhältnisse in Berlin, um den Fokus auf die rechtlichen Gegebenheiten im praktischen Beispiel Mediaspree am Buchende zu lenken.

4.1 Bürgerpanel

Das Bürgerpanel ist eine Art Befragung der Bürgerschaft bezüglich kommunalpolitischer Angelegenheiten. Diese Befragung einer drei- bis vierstelligen Menge (in der Regel 500 bis 1.000) stichprobenartig ausgewählter Teilnehmer hat eine repräsentative Wirkung. Dieses schriftlich oder online durchgeführte Verfahren dient dem Zweck, das Interesse von Bürgerinnen und Bürgern an öffentlichen Angelegenheiten zu wecken.

Über mehrere Jahre hinweg werden hierfür drei Phasen durchlaufen. In der sogenannten Informationsphase werden zunächst Politiker/innen der entsprechenden Kommune für eine bestimmte Idee gewonnen, die dann Umfragethemen finden und festlegen. Diese Vorbereitung nimmt durchschnittlich ein Jahr in Anspruch.

Daraufhin findet im Durchschnitt drei Mal jährlich die Erhebung der Daten, also die eigentliche Befragung statt, die durch regelmäßige Auswertungen der Sachverhalte begleitet wird. Dieser Turnus beabsichtigt das Gleichziehen der Beteiligungsgeschwindigkeit mit dem Tempo der Themengenerierung der kommunalen Agenda.

Letztendlich werden in der Kommunikationsphase die gewonnenen Ergebnisse an die erwähnten Politiker/innen und Bürger weitergereicht.[32]

---

[32] Vgl. Senatsverwaltung für Stadtentwicklung Berlin: Handbuch zur Partizipation (2011). S. 323.

Dies hat zum Ergebnis, dass die Kommune an Informationen über die Wünsche und Vorlieben ihrer Bürgerschaft gelangt und darauf basierend ein Dialog zwischen den beiden Parteien ermöglicht wird. In einem solchen Dialog können verschiedenste Themen der Stadtentwicklung behandelt werden, beispielsweise bestimmte Probleme eines Stadtteils.

Einen zusätzlichen Beitrag zu dieser erzielten, zunehmenden Relevanz öffentlicher Themen für die Bürgerinnen und Bürger trägt die immerwährende Aktualität der Befragungen bei. Sie steigert die notwendige Bereitschaft zur Beteiligung auch an anderen Angeboten. Somit nimmt das Bürgerpanel trotz seiner noch verhältnismäßigen Unbekanntheit ein großen Teil zur Bürgerbeteiligung bei.[33]

Tabelle 1: Vor- und Nachteile des Bürgerpanels

Vorteile	Nachteile
Offenheit gegenüber allen Bürgern und deren Anliegen	keine Unterstützung der Konsensherstellung zwischen Kommune und Bürgerschaft
Einbindung bildungsferner Bürger	
Verknüpfung der Bürgerbeteiligung mit kommunaler Agenda	
Information über Bürgerpräferenzen und ihre Gründe	
Repräsentativität	
frühzeitige Ermittlung der Bewertung von Planungen und Vorhaben durch Bürger	
Stärkung der Identifikation der Bürgerschaft mit der Kommune	
Mobilisierung der bürgerlichen Beteiligungsbereitschaft	

Quelle: eigene Darstellung in Anlehnung an Stock: Bürgerbeteiligung als Weg zur lebendigen Demokratie (2009). S. 17f.

Tabelle 1 fasst die Vor- und Nachteile des Bürgerpanels als Methode der Bürgerbeteiligung noch einmal zusammen. Hierbei wird klar ersichtlich, dass die Vorteile eindeutig überwiegen und das Bürgerpanel deshalb als eine wichtige und hilfreiche Methode der Partizipation darstellt. Als einziges Manko ist die Tatsache zu erachten, dass es sich hier

---

[33] Vgl. Klages/ Masser: Die Stadt im Blickfeld des Bürgers (2010). S. 23.

im Grundsatz lediglich um die Weitergabe von Informationen bezüglich der Bürgerschaft an die Kommune handelt und dies allein keinen Konsens zwischen den beiden Parteien schaffen kann.

4.2 Bürgerversammlung

Anders als beim Bürgerpanel handelt es sich bei der Bürgerversammlung um eine konkrete Veranstaltung, zu der von einem bestimmten Vorhaben beliebig viele Betroffene eingeladen werden können, wenn sie über einzelne regionale und lokale Angelegenheiten informiert werden wollen. Außerdem bietet diese Methode der Beteiligung auch eine Diskussionsplattform, auf der die anwesenden Bürger ihre Anliegen und Probleme anbringen können. Bei solchen Diskussionen werden die zu gewinnenden Ergebnisse in Abstimmungen festgelegt und –gehalten.
Die Vorbereitungszeit einer Bürgerversammlung beträgt in der Regel nur wenige Wochen, die Durchführungszeit im Höchstfall drei Stunden.[34]

Tabelle 2: Vor- und Nachteile der Bürgerversammlung

Vorteile	Nachteile
Aufgreifen der Bürgeranliegen	keine Unterstützung der Konsensherstellung zwischen Kommune und Bürgerschaft
geringer Zeitaufwand vonnöten	
Einbindung bildungsferner Bürger	
Verknüpfung der Bürgerbeteiligung mit kommunaler Agenda	keine Repräsentativität

Quelle: eigene Darstellung in Anlehnung an Stock: Bürgerbeteiligung als Weg zur lebendigen Demokratie (2009). S. 17.

In der oben ersichtlichen Tabelle 2 ist erkennbar, dass die Vorteile gegenüber den Nachteilen nicht so enorm überwiegen, wie es beim Bürgerpanel der Fall war. Ein Grund dafür ist die fehlende repräsentative Funktion dieser Methode.

---

[34] Vgl. Senatsverwaltung für Stadtentwicklung Berlin: Handbuch zur Partizipation (2011). S. 323.

4.3 Open Space

Der Open Space ist eine von Formalien grundsätzlich freie Großgruppenmethode mit mindestens 25 Teilnehmern.

Es existiert lediglich eine Tagesagenda, die jedoch von der am Open Space teilnehmenden Bürger in Eigenregie festgelegt wird, um dann in ebenfalls frei zusammen zu stellenden, zu wechselnden und zu eröffnenden Arbeitsgruppen abgearbeitet zu werden.

Auf diese Weise entsteht hier eine sehr ungezwungene Atmosphäre, die zur Mobilisierung der Bürgerschaft beitragen soll, kreativ zu sein und so für komplexe Probleme Lösungen zu erarbeiten.

Beim Open Space werden Meinungen ausgetauscht, um Probleme schnell lösen und weitere Handlungsschritte verabreden zu können. Die Basis dieses Verfahrens liegt in der Eigenverantwortung jedes einzelnen Bürgers.

Nach rund einem halben Jahr durchschnittlicher Vorbereitungszeit nimmt die Durchführung dieser Beteiligungsmethode idealerweise mindestens einen halben Tag, maximal jedoch drei Tage in Anspruch.[35]

Tabelle 3: Vor- und Nachteile des Open Space

Vorteile	Nachteile
◊ Aufgreifen der Bürgeranliegen	◊ keine Unterstützung der Konsensherstellung zwischen Kommune und Bürgerschaft
◊ Verknüpfung der Bürgerbeteiligung mit kommunaler Agenda	◊ keine Einbindung bildungsferner Bürger
	◊ keine Information über Präferenzen und ihre Gründe
	◊ keine Repräsentativität

Quelle: eigene Darstellung in Anlehnung an Stock: Bürgerbeteiligung als Weg zur lebendigen Demokratie (2009). S. 17.

---

[35] Vgl. Senatsverwaltung für Stadtentwicklung Berlin: Handbuch zur Partizipation (2011). S. 327.

Die Tabelle 3 weist um ein Vielfaches mehr Nachteile als Vorteile auf.
Dies liegt unter anderem daran, dass bildungsferne Bevölkerungsschichten in den seltensten Fällen aus eigenem Interesse an solchen Veranstaltungen teilnehmen und daran, dass keine Informationen über die Wünsche und Probleme der allgemeinen Bevölkerung ausgetauscht werden können, sondern ausschließlich die Meinung der anwesenden Bürger bei der Lösungsfindung berücksichtigt wird.
Aus diesem Grund ist auch diese Methode nicht als repräsentativ anzusehen.

4.4 Planungszelle

Die Methode der Planungszelle hat zum Ziel, mithilfe von maximal 30 zufällig ausgewählten Teilnehmern Planungsprozesse zu initiieren.

Die Bürger befassen sich in diesem Zuge mehrere Tage lang mit bestimmten stadtplanerischen Problemen, die in ihrem Wohngebiet bestehen.
Die zentrale Aufgabe besteht jedoch zunächst darin, Informationen zusammen zu tragen und zu kommunizieren, um diese anschließend bewerten zu können. Diese Bewertung erfolgt durch die Stellungnahmen der einzelnen Teilnehmer.

Nicht selten finden mehrere Planungszellen mit derselben Aufgabenstellung parallel zueinander ab, um die Ergebnisse noch besser bewerten zu können. Diese werden in sogenannten Bürgergutachten zusammengefasst, um sie der kommunalen Politik beziehungsweise Verwaltung überreichen zu können.

Das Interessante an der Planungszelle ist, dass durch die zufällige Auswahl der Bürger eine Gruppe zusammen trifft, die in der Regel überwiegend aus Laien stadtplanerischer Angelegenheiten besteht. So besteht die Möglichkeit, ungebundene und unparteiische Meinungen in die Lösung stadtplanerischer Probleme miteinzubeziehen.
Die Vorbereitung einer Planungszelle dauert in etwa ein halbes Jahr. Durchgeführt wird sie dann in einem Zeitraum von drei bis vier Tagen.
Bei dieser Methode gilt es zu erwähnen, dass die Bürger eine Vergütung von durchschnittlich 70 Euro pro Tag für die Teilnahme an der Planungszelle erhalten.[36]

---

[36] Vgl. Senatsverwaltung für Stadtentwicklung Berlin: Handbuch zur Partizipation (2011). S. 329.

Tabelle 4: Vor- und Nachteile der Planungszelle

Vorteile	Nachteile
- Aufgreifen der Bürgeranliegen - Verknüpfung der Bürgerbeteiligung mit kommunaler Agenda - Information über Präferenzen und ihre Gründe	- keine Unterstützung der Konsensherstellung zwischen Kommune und Bürgerschaft - hoher Zeitaufwand - keine Offenheit für alle Bürger - keine Repräsentativität

Quelle: eigene Darstellung in Anlehnung an Stock: Bürgerbeteiligung als Weg zur lebendigen Demokratie (2009). S. 17.

Die Tabelle 4 zeigt auf, dass die Planungszelle eine ausgezeichnete Informationsbasis bezüglich der Bürgerinteressen darstellt, hier jedoch wieder keine endgültige Konsensherstellung erfolgt. Hinzu kommt, dass diese Methode sehr zeitaufwändig ist und nicht jeder Bürger die Möglichkeit hat, an ihr teilzunehmen. Deshalb ist auch dieses Verfahren nicht repräsentativ.

4.5 Zukunftswerkstatt

Die letzte Methode der Bürgerbeteiligung, die im Rahmen dieser Studie näher betrachtet werden soll, ist die Zukunftswerkstatt. Hierbei handelt es sich um eine Art Veranstaltung, die in der Regel bei der Entwicklung planungsrelevanter Ideen zum Einsatz kommt.

Einer Auswahl von maximal 32 Teilnehmenden wird es zur Aufgabe gemacht, verschiedene Methoden anzuwenden und auf diese Weise Ideen für eine gemeinsame Zukunft zu entwickeln. Auf dieser Grundlage planen sie entsprechende Handlungsmaßnahmen und deren Umsetzung.

Die sich hier abspielenden Phasen einer Zukunftswerkstatt lassen sich gliedern in die Bestandsaufnahme, die Visionsphase und die Realisierungsphase.

Der Kreis der Teilnehmer gestaltet sich meist sehr homogen, sodass sich diese Methode ausgezeichnet für die Beteiligung von Kindern und Jugendlichen eignet.

Auf die sehr umfassende Vorbereitungsphase von circa einem dreiviertel Jahr folgt die in ihrem zeitlichen Ausmaß variierende Durchführung, die sich meistens über einen Zeitraum von drei Stunden bis drei Tage erstreckt.[37]

---

[37] Vgl. Senatsverwaltung für Stadtentwicklung Berlin: Handbuch zur Partizipation (2011). S. 331.

Tabelle 5: Vor- und Nachteile der Zukunftswerkstatt

Vorteile	Nachteile
Unterstützung bei der Entwicklung kreativer Ideen durch Bürgerschaft	keine Unterstützung der Konsensherstellung zwischen Kommune und Bürgerschaft
	hoher Zeitaufwand
	keine Offenheit für alle Bürger
	keine Repräsentativität
	keine Information über Präferenzen und ihre Gründe

Quelle: eigene Darstellung in Anlehnung an Stock: Bürgerbeteiligung als Weg zur lebendigen Demokratie (2009). S. 17.

Die Zukunftswerkstatt hat den großen Vorteil, dass sie die Entwicklung kreativer Ideen durch Bürger fördert.

Dem gegenüber steht jedoch, wie in Tabelle 5 ersichtlich, ein enormer Zeitaufwand, eine sich aus der geringen Teilnehmerzahl begründende, fehlende Offenheit der Veranstaltung für alle Bürger und somit wiederum ebenso die fehlende Repräsentativität. Des Weiteren stehen hier nicht die Meinungen oder Probleme der Bürgerschaft im Fokus, sondern die Festlegung sich eigneneder Handlungsmaßnahmen.

4.6 Elektronische Beteiligungsverfahren

Nachdem das Internet seine weltweite Monopolstellung unter den Massenkommunikationsmedien eingenommen hat, übertrifft seine Reichweite die der klassischen Medien um Längen.

Diese enormen Veränderungen im Informations- und Kommunikationsbereich haben zur Folge, dass auch die Kommunen diesbezüglich Anpassungen vornehmen müssen. Eine naheliegende Möglichkeit dies zu tun, liegt in der aktiven Verwendung dieser neuen Medien zur Informationsübermittlung.

Da die Entwicklung elektronischer Informations- und Kommunikationsinstrumente noch verhältnismäßig jung ist, liegen dieser Tage noch kaum empirische Grundlagen bezüglich ihres tatsächlichen Nutzens oder möglicherweise empfehlenswerter Standards für ihre Ausgestaltung vor.

Deshalb sind die bisherigen Erfahrungen einer Nutzung im kommunalen Rahmen ebenfalls noch sehr begrenzt.[38]

Jedoch kann eine Verbesserung der öffentlichen Dienste und demokratischer Prozesse definitiv erreicht werden, wenn diese neuartigen Informations- und Kommunikationstechnologien in die öffentliche Verwaltung einfließen und dementsprechende, organisatorische Veränderungen Einzug nehmen.

Dies zeigt sich in der Internetpräsenz zahlreicher Kommunen, die solche modernen Beteiligungsmethoden erfolgreich nutzen, um ihre Bürger über stadtumbautechnische Planungen und Vorhaben zu informieren und mithilfe von Foren, Chats oder ähnlichem interaktive Prozesse zu initiieren.[39]

Der einzelne Bürger erhält die Möglichkeit einer elektronischen Beteiligung also durch den Einsatz onlinebasierter Medien.

Durch diese kann er sich über Planungen und Planungsprozesse informieren und der Politik und Verwaltung eigene Anregungen zukommen lassen, um die jeweiligen Planungs- und Entscheidungsprozesse zu qualifizieren.

Es besteht im Einzelnen außerdem die Möglichkeit, über das Internet Diskussionen über Bauvorhaben und Flächennutzungen anzuregen, Standpunkte und Zweifel zu kommunizieren, Umfragen durchzuführen, Ideen und Meinungen bezüglich der Gesetzesgestaltung zu äußern, sich an der Haushaltsplanung zu beteiligen und vieles mehr.

Dennoch sollten diese Möglichkeiten einer Beteiligung über onlinebasierte Medien nicht als Ersatz für die traditionellen Methoden angesehen werden.

Sie stellen lediglich eine Ergänzung dar, da sonst der lokale Bezug nicht gegeben ist und nicht gewährleistet ist, dass genügend Zielgruppen in die Partizipation integriert werden.[40]

---

[38] Vgl. Beckmann, Klaus J.: Bürgerbeteiligung in Kommunen. Anmerkungen aus der Stadtforschung zu einer aktuellen Herausforderung. Deutsches Institut für Urbanistik gGmbH, Berlin 2012. S. 32f.
[39] Vgl. BMVBS/ BBSR im BBR (Hrsg.): Bürgermitwirkung im Stadtumbau (2009). S. 21f.
[40] Vgl. Senatsverwaltung für Stadtentwicklung Berlin: Handbuch zur Partizipation (2011). S. 133ff.

Tabelle 6: Vor- und Nachteile elektronischer Beteiligungsverfahren

Vorteile	Nachteile
Unterstützung von Austausch- und Kooperationsprozessen	ohne eindeutige Verantwortlichkeiten und schnelle Reaktionen durch Verwaltung kann Partizipation frühzeitig scheitern
erhöhte Planungstransparenz	
integrierbar in alle Beteiligungsphasen	
Organisation komplexer Diskussionen mittels moderierter Onlinedialoge	Notwendigkeit zusätzlicher Angebote zwecks lokalem Bezug
gemeinsame Textbearbeitungen und konstruktive Beurteilungen bringen verwertbare Ergebnisse	hohe und differenzierte Anforderungen an die Moderation der Beteiligung
	umfassende Öffentlichkeitsarbeit vonnöten

Quelle: eigene Darstellung in Anlehnung an die Inhalte von Kapitel 4.6

Wie in Tabelle 6 ersichtlich, halten sich im Falle der E-Partizipation Vor- und Nachteile im Großen und Ganzen die Waage.

Mehr als bei den vorangegangen betrachteten, traditionellen Methoden ist es hier möglich, einen aktiven Austausch statt einfacher Information der Bürger oder der Kommunen zu erreichen. Es können umfassende Diskussionen zwischen allen interessierten Bürgern geführt werden, die mithilfe einer geeigneten Moderation organisiert und strukturiert werden.

An diese Moderation sind jedoch hohe Anforderungen zu stellen. Der Erfolg einer solchen Beteiligung ist schnell gefährdet, wenn keine eindeutigen Verantwortlichkeiten und insbesondere wenn keine zusätzlichen Angebote zur Partizipation der Bürger existieren. Auch der Aufwand der notwendigen, jedoch sehr umfassenden Öffentlichkeitsarbeit zwecks des Erreichens unterschiedlicher Zielgruppen ist als Nachteil zu werten.

4.7 Zusammenfassung der Kapitel 4.1 bis 4.6

Die im Anhang dieses Buches vorzufindende Tabelle 12 soll abschließend noch einmal die wichtigsten Eigenschaften einer jeden in diesem Kapitel bisher beschriebenen Methode zusammenfassen.

4.8 Bürgerentscheid

Wie eingangs bereits erwähnt, existiert neben Wahlen und Empfehlungen, also den indirekten Möglichkeiten des Bürgers, die Bezirksverordnetenversammlung in ihrer Willensbildung zu beeinflussen, auch eine unmittelbare: der Bürgerentscheid.

Die Bezirksverordnetenversammlung ist dafür da, im Rahmen der bezirklichen Selbstverwaltung das Verwaltungshandeln des von ihr selbst gewählten Bezirksamtes, also des Bezirksbürgermeisters und seiner Stadträte, anzuregen und zu kontrollieren. Der Bürgerentscheid in Berlin ist geregelt in seiner Verfassung[41], Artikel 72 Absatz 2 und im Abschnitt 7 des Bezirksverwaltungsgesetzes.[42]

In Angelegenheiten, die der Beschlussfassung der Bezirksverordnetenversammlung unterliegen, können Bürgerentscheide in Berlin an Stelle eines Beschlusses der Bezirksverordnetenversammlung treten.

Hierfür müssen die Initiatoren eines Bürgerentscheides dem Bezirksamt zunächst ein Anliegen inklusive Termin für den beabsichtigten Beginn einer Unterschriftensammlung vorlegen und somit ein Bürgerbegehren inszenieren.

Daraufhin wird vom Bezirksamt eine Einschätzung bezüglich der zu erwartenden Kosten für die Durchführung des angestrebten Bürgerentscheids vorgenommen.

Diese Kosten werden dann auf einer Unterschriftenliste vermerkt, auf der dann mindestens drei Prozent der Wahlberechtigten des betroffenen Bezirks unterschreiben und das Anliegen der Initiatoren somit unterstützen müssen, damit ein Bürgerentscheid initiiert werden kann.

Alternativ besteht auch die Möglichkeit, mithilfe eines zwei-Drittel-Mehrheitsbeschlusses der Bezirksverordnetenversammlung einen Bürgerentscheid zu beschließen.

Unterschriftenberechtigt sind im Fall eines Bürgerbegehrens alle Wahlberechtigten, deren Hauptwohnsitz sich seit mehr als drei Monaten im entsprechenden Bezirk befindet.

Wurden die gesammelten Unterschriften dem Bezirksamt vorgelegt, entscheidet dieses innerhalb eines Monats, ob das Bürgerbegehren zulässig ist oder nicht.[43]

Fällt diese Entscheidung positiv aus, wird dann innerhalb eines weiteren Zeitfensters von vier Monaten ein Abstimmungstermin für den Bürgerentscheid festgelegt und das Bezirksamt leitet die Information aller Abstimmungsberechtigten ein.

---

[41] Gemeint ist hier die Verfassung von Berlin vom 23. November 1995.
[42] Vgl. Bezirksamt Steglitz-Zehlendorf von Berlin: Die BVV - Das Organ der bezirklichen Selbstverwaltung (18.09.2012).
[43] Vgl. Strecker: Mediaspree Berlin (2010). S. 99ff.

Diese Information wird in Form einer amtlichen Mitteilung durchgeführt, die mehrere obligatorische Inhalte umfasst. Hierzu gehören die Argumente der Initiatoren sowie die ermittelten Kosten im Fall einer Durchführung des Entscheides. Zusätzlich zum Vorschlag der Initiatoren des Bürgerentscheides kann die Bezirksverordnetenversammlung einen Gegenvorschlag in das Verfahren integrieren.

Nehmen mindestens 15 Prozent der Wahlberechtigten Berlins am Bürgerentscheid teil und stimmt von ihnen eine einfache Mehrheit für den Vorschlag der Initiatoren, gilt der Entscheid als erfolgreich. In diesem Falle nimmt, wie bereits erwähnt, dieses Ergebnis dann in der Regel die Funktion eines Beschlusses der Bezirksverordnetenversammlung ein.[44]

Eine Veranschaulichung dieser Form der Bürgerbeteiligung erfolgt in Form eines praktischen Beispiels in Kapitel sechs.

---

[44] Vgl. Vidaud: Die Mitwirkungsrechte der Bürger und sonstiger Einwohner in Berlin (2011). S. 21ff.

5. SWOT Analyse

5.1 Begrifflichkeit

Eine SWOT Analyse, abgekürzt für ‚Strengths-Weaknesses-Opportunities-Threats'-Analyse, gibt Aufschluss über interne Stärken und Schwächen eines Unternehmens sowie seine externen Chancen und Risiken.
Dabei werden die einzelnen Positionen der Stärken, der Schwächen, der Chancen und der Risiken einander gegenüber gestellt, um entsprechende Strategien für die weitere Unternehmensentwicklung folgern zu können.[45]
Präziser ausgedrückt bedeutet dies eine Überprüfung der Eigenschaften und Strategien eines Unternehmens in Hinblick auf Veränderungen der Umwelt. So soll ein gezielter Einsatz der Stärken und Schwächen einer Organisation im allgemeinen Wettbewerb auf dem Markt erreicht werden.
Zur Veranschaulichung dieser Zusammenhänge soll folgende Tabelle 7 darstellen, über welche Fragestellungen eine SWOT Analyse Aufschluss zu geben vermag.[46]

Tabelle 7: Fragestellungen im Rahmen einer SWOT Analyse

	Chancen	**Risiken**
Stärken	Welche **Stärken** können genutzt oder sogar ausgebaut werden, um welche **Chancen** wahrzunehmen?	Welche **Stärken** können genutzt werden, um sich gegen welche **Risiken** abzusichern?
Schwächen	Welche **Schwächen** können abgebaut werden, um welche **Chancen** zu nutzen?	Gegen welche **Risiken** sollten aufgrund welcher **Schwächen** Verteidigungsstrategien entwickelt werden?

Quelle: eigene Darstellung in Anlehnung an Oehlrich: Betriebswirtschaftslehre (2010). S. 101f.

Wie bereits erwähnt, stellt eine solche SWOT Analyse den Weg zu neuen Strategien dar, indem die oben aufgelisteten Fragestellungen entsprechend interpretiert werden.

---

[45] Vgl. Vahs/ Schäfer-Kunz: Einführung in die Betriebswirtschaftslehre (2012). S. 360.
[46] Vgl. Oehlrich: Betriebswirtschaftslehre (2010). S. 101ff.

Es sollen auf diesem Wege Wettbewerbsvorteile aufgedeckt werden, die sich aufgrund verschiedener Überschneidungen der identifizierten Stärken, Schwächen, Chancen und Risiken ergeben können. Beispielsweise kann es sich hier um die Überwindung einer bestimmten Schwäche zur Wahrnehmung einer einmaligen Chance handeln.[47]

5.2 SWOT Analyse der Bürgerbeteiligung in Berlin

5.2.1 Methodik

5.2.1.1 Grundlagen

Da es sich im Kontext dieser Studie nicht anbietet, die in zahlreicher Literatur enthaltenen Muster einer SWOT Analyse als Grundlage für eine Analyse der Stärken, Schwächen, Chancen und Risiken der Bürgerbeteiligung eins zu eins zu übernehmen, werden diese entsprechend der Thematik angepasst.

Auf diesem Wege soll der Versuch unternommen werden, das Verfahren der SWOT Analyse im weitesten Sinne auf diesen sehr speziellen Sachverhalt anzuwenden, um interne Stärken und Schwächen der Bürgerbeteiligung in Berlin zu identifizieren sowie seine Chancen und Risiken in der Umwelt der Landeshauptstadt.

Somit können im besten Fall auch hier aus den sich ergebenden Zusammenhängen realisierbare Strategien entwickelt werden und somit Anregungen bezüglich der künftigen Entwicklung von Partizipation.

Zunächst werden hierfür die einzelnen Faktoren der SWOT Analyse, also die Stärken, Schwächen, Chancen und Risiken im Rahmen der Bürgerbeteiligung in Berlin identifiziert und in einer Art Bestandsaufnahme zusammen getragen.

Darauf aufbauend wird eine SWOT Matrix erstellt, in der mithilfe der oben dargestellten Fragestellungen die Stärken, Schwächen, Chancen und Risiken bewertet und entsprechende Strategien für zukünftige Partizipationsprozesse in Berlin abgeleitet werden können.

Mit Hilfe dieser Strategien sollen die Stärken potenziert, die Schwächen gedrosselt, die sich bietenden Chancen wahrgenommen und die Risiken umgangen werden.[48]

---

[47] Vgl. Oehlrich: Betriebswirtschaftslehre (2010). S. 101ff.
[48] Vgl. Vahs/ Schäfer-Kunz: Einführung in die Betriebswirtschaftslehre (2012). S. 360ff.

5.2.1.2 Marktanteils-Marktwachstums-Matrix

Im Rahmen einer Unternehmensanalyse wird bei der Messung von Stärken und Schwächen vom relativen Marktanteil des Unternehmens als Maßgröße gesprochen, als Maßgröße der Chancen und Risiken vom erwarteten Marktwachstum.

Die unternehmensinternen Stärken und Schwächen werden dabei anhand einer Erfahrungskurve gemessen, deren Prinzip jedoch zu sehr auf Produktionsvolumina und damit zusammen hängenden Kostenentwicklungen basiert, um sie in irgendeiner Weise auf das Verfahren der Partizipation anwenden zu können.

Hinter dem Konzept des erwarteten Marktwachstums wiederum steckt die sogenannte Diffusionstheorie, die besagt, dass (Produkt-) Innovationen nach ihrer Eingliederung in den Markt in der Regel vier bestimmte Phasen durchlaufen: die Einführungsphase, die Wachstumsphase, die Reifephase und die Sättigungsphase. Dieses Prinzip lässt sich in einem gewissen Maß auf das Thema Bürgerbeteiligung abstrahieren.

Jede Methode der Partizipation, die in Kapitel vier erläutert wurde, lässt sich irgendwo im Lebenszyklus eines Produktes positionieren. Dieser Zyklus ist in Abbildung 1 graphisch dargestellt.[49]

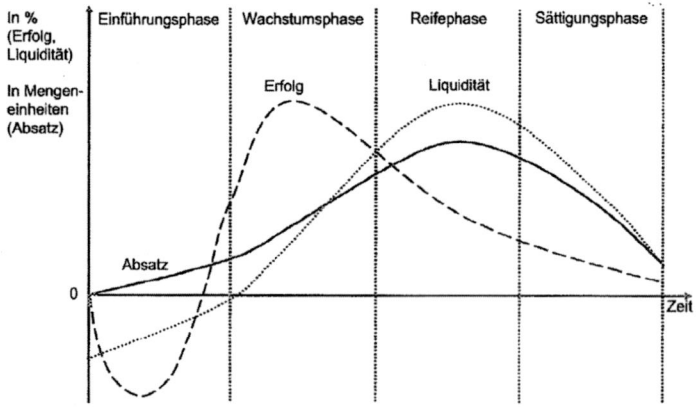

Abbildung 1: Erfolgsgenerierung oder Beteiligungszahlen im Lebenszyklus einer Partizipationsmethode (Quelle: Coenenberg/ Günther: Grundlagen der strategischen, operativen und finanzwirtschaftlichen Unternehmenssteuerung (2011). S. 18.)

---

[49] Vgl. Coenenberg/ Günther: Grundlagen der strategischen, operativen und finanzwirtschaftlichen Unternehmenssteuerung (2011). S. 16ff.

Die Begriffe der Liquidität und des Absatzes sind im Rahmen der hier betrachteten ‚Produkte' zwar auszublenden, die restliche Darstellung kann jedoch durchaus auf den in dieser Studie betrachteten Sachverhalt projiziert werden.

Der ‚Erfolg' äußert sich in diesem Fall jedoch nicht in der Menge der verkauften Produkte oder ähnlichem, sondern beispielswese in der Anzahl der sich beteiligenden Bürger.

Bezieht man die Grafik also auf die Methoden der Bürgerbeteiligung, ist Folgendes zu schlussfolgern: Jede Methode wird zunächst in das System der Bürgerbeteiligung eingeführt. Das heißt, sie muss erst einmal genügend Aufmerksamkeit erregen und Interesse wecken, um den Bürgern und Bürgerinnen seinen konkreten Nutzen vermitteln zu können. Erst am Ende dieser Phase beginnt die Erfolgskurve zu steigen und damit auch die Beteiligungsquote.

In der Wachstumsphase ist anfangs ein sehr starkes Wachstum des Bürgerinteresses zu verzeichnen, bis es stagniert und wieder beginnt, zu sinken.

Dies ist der Fall, wenn nahezu alle engagierten und politisch interessierten Bürger Kenntnis genommen haben von der neuen Methode und keine neuen Beteiligten mehr gewonnen werden können.

In der Sättigungsphase schließlich gehen die Beteiligungszahlen wieder langsam zurück, weil wieder neue Methoden den ‚Markt' betreten und die Aufmerksamkeit auf sich lenken.

Selbstverständlich kann dieser Lebenszyklus nicht gänzlich auf das Thema Partizipation angewendet werden. Jedoch ergeben sich hier durchaus einige Parallelen.

Betrachtet man die in Kapitel vier erläuterten Methoden der Bürgerbeteiligung, könnten beispielsweise das Bürgerpanel, die Bürgerversammlung, der Open Space, die Planungszelle sowie die Zukunftswerkstatt eingeordnet werden in die Reife- oder Sättigungsphase. Dies begründet sich in der Tatsache, dass all diese Methoden bereits längere Zeit bekannt und in Verwendung sind und ihre Beteiligungsrate größtenteils unverändert bleibt oder aber mittlerweile sogar sinkt.

Lediglich die E-Partizipation ist eindeutig in eine andere Phase einzuordnen. Wie bereits erwähnt, ist diese Form der Partizipation noch in ihrer Startphase und die vorhandenen Systeme werden momentan Schritt für Schritt an sie angepasst. Im Generellen befindet sich das Internet längst in einer späteren Phase der Entwicklung, da es bereits in nahezu jede Nische des menschlichen Daseins Einzug genommen hat.

Im Bereich der Bürgerbeteiligung jedoch sind diese Arten von Medien eher in der Einführungsphase zu verzeichnen.[50]

---

[50] Vgl. Coenenberg/ Günther: Grundlagen der strategischen, operativen und finanzwirtschaftlichen Unternehmenssteuerung (2011). S. 16ff.

5.2.2 Umweltanalyse

Analog zum deduktiven Aufbau dieser gesamten Ausarbeitung erfolgt im Rahmen der SWOT Analyse als erstes die Analyse der Umweltfaktoren der Bürgerbeteiligung Berlins anhand der Betrachtung von existierenden Chancen und Risiken.

5.2.2.1 Chancen

Die größte Chance der Berliner Bürgerbeteiligung liegt wohl in der Lokalen Agenda 21 Berlin[51].

Die Agenda 21[52] wurde 1992 in Rio de Janeiro auf der Konferenz der Vereinigten Nationen für Umwelt und Entwicklung beschlossen, um die nachhaltige Entwicklung der Erde im Hinblick auf ökologische, ökonomische und soziale Faktoren zu fördern.
Um dieses Ziel zu erreichen, ist eine Umsetzung dieser Agenda auf lokaler Ebene unerlässlich. In Kapitel 28 werden die Kommunen sogar explizit dazu aufgefordert, die angestrebten Ziele mittels eines breiten Konsultationsprozesses mit der Bürgerschaft zu verfolgen. Das bedeutet, die Kommunen und ihre Bürgerschaften sind dazu aufgefordert, sich intensiv mit dieser Thematik auseinander setzen, damit eine nachhaltige Entwicklung gewährleistet ist.[53]

Deshalb hat unter anderem der Berliner Senat 1994 die Lokale Agenda 21 unterzeichnet, um sich zur Erfüllung der durch die Agenda 21 festgesetzten Aufgaben zu verpflichten und somit die Agenda 21 auf lokaler Ebene umzusetzen.[54]
Heute gehört Berlin hinsichtlich der Umsetzung der Lokalen Agenda 21 zu einer der aktivsten Städte Deutschlands.[55]
Die Senatsverwaltung für Stadtentwicklung und Umwelt beobachtet nach eigenen Angaben derzeitig eine zunehmende, grundsätzliche Bereitwilligkeit, sich gesellschaftlich zu engagieren und in der Politik mitzubestimmen.
In der von ihr veröffentlichten Broschüre ‚Lokale Agenda 21' heißt es außerdem, man plane eine verstärkte Anerkennung für bürgerliches Engagement.

---

[51] Vgl. Momper (Hrsg.): Lokale Agenda 21 (2006).
[52] Vgl. Vereinigte Nationen für Umwelt und Entwicklung: AGENDA 21 (13.09.2012).
[53] Vgl. Schophaus: Bürgerbeteiligung in der Lokalen Agenda 21 in Berlin (2001). S. 1ff.
[54] Vgl. Senatsverwaltung für Stadtentwicklung und Umwelt: Agenda 21 (05.09.12).
[55] Vgl. Schophaus: Bürgerbeteiligung in der Lokalen Agenda 21 in Berlin (2001). S. 7.

Zu bisher umgesetzten Maßnahmen dieser Art gehört beispielsweise der Berliner Freiwilligen Pass, der nicht nur als symbolische Anerkennung dient, sondern gleichzeitig das bei der ehrenamtlichen Arbeit angeeignete oder geförderte Fachwissen dokumentiert.[56]
Außerdem bestehen in Berlin Versicherungsschutz für Ehrenamtliche sowie die Möglichkeit, für freiwillige Dienste verschiedenste Auszeichnungen zu erlangen.[57]

Sogenannte Stadtteilzentren, in denen Nachbarschaftseinrichtungen und Selbsthilfekontaktstellen beherbergt werden und auch Kiezbüros nehmen eine immer zentralere Rolle ein, wenn es um bürgerschaftliches Engagement geht.
Folgende Aufgaben können hier verfolgt werden:

- „Bürgerbeteiligung, Quartiersentwicklung und Verbesserung der Lebensqualität
- Vernetzung und Integration im Stadtteil
- Selbsthilfeförderung und -unterstützung
- Stärkung des bürgerschaftlichen und ehrenamtlichen Engagements
- Förderung von Nachbarschaftsbeziehungen und gegenseitiger Hilfe
- Generationsübergreifende und interkulturelle Arbeit
- Angebote im Rahmen von Maßnahmen und Konzepten gegen Rechtsextremismus, Fremdenfeindlichkeit und Antisemitismus"[58]

Die Broschüre ‚Lokale Agenda 21' sagt weiterhin voraus, dass künftig die Bürgerschaft Berlins bereits im Planungsstadium intensiv beteiligt und dass insbesondere Kindern und Jugendlichen mehr Möglichkeiten zur Partizipation gegeben werden sollen.
Letzteres Ziel wird mithilfe von Kinder- und Jugendbüros sowie Jugendparlamenten angestrebt, die Beteiligungsprojekte junger Menschen begleiten und sie bei der Organisation unterstützen.
Im Rahmen des Programms ‚ServiceStadt Berlin 2016' soll die Berliner Verwaltung entsprechend der fortschreitenden Veränderungen insbesondere in technologischer, aber auch in gesellschaftlicher, finanzieller, rechtlicher, demografischer und wirtschaftlicher Hinsicht modernisiert werden.
Schwerpunktmäßig werden IT- oder auch E-Government-Projekte verfolgt, die vor allem eine bürgernähere und partizipativere Verwaltung Berlins zum Ziel haben.
Erreicht werden soll dies in erster Linie durch eine ‚kompaktere' Verwaltung, die ihre Dienstleistungen über wesentlich weniger Kontakte anbietet, als es heute der Fall ist. Dies

---

[56] Vgl. Senatsverwaltung für Gesundheit und Soziales: Der Berliner FreiwilligenPass (04.09.12).
[57] Vgl. Momper (Hrsg.): Lokale Agenda 21 (2006). S. 29ff.
[58] bürgeraktiv Berlin: Stadtteilzentren (05.09.12).

bedeutet gebündelte, einheitliche Anlaufstellen, um eine wesentlich stärkere Teilhabe der Bürgerschaft an politisch administrativen Prozessen zu erreichen.[59]

In Planung ist des Weiteren die Einführung einiger neuer Partizipationsformen, wie beispielsweise des Bürgerhaushaltes, der im Jahr 2005 bereits in den Bezirken Lichtenberg und Marzahn-Hellersdorf durchgeführt wurde. Diesem Beispiel sollen nun auch viele weitere Bezirke folgen.

Der Bürgerhaushalt dient einer erhöhten Haushaltstransparenz sowie der Mitbestimmung der Bürgerschaft einer Kommune über Teile der frei verwendbaren Haushaltsmittel.[60]

Die Senatsverwaltung für Stadtentwicklung und Umwelt verkündet ferner, künftig regelmäßig über das Erfordernis und die Ziele von bürgerschaftlichen Engagements zu informieren sowie auch über Beteiligungsmaßnahmen, egal ob bereits abgeschlossen, aktuell oder noch in Planung. Dies bedeutet eine verstärkte Öffentlichkeitsarbeit der Kommunen, Gesamt-Berlins und seiner Verwaltungen.[61]

Der demografische Wandel und die zunehmende Anzahl an älteren Menschen in Deutschland sind in diesem Zusammenhang ebenso als Chance für bürgerschaftliche Partizipation anzusehen, da sich die 31- bis 65-Jährigen bewiesenermaßen wesentlich häufiger freiwillig engagieren, als die 14- bis 30-Jährigen.

Dieser Sachverhalt wird in der folgenden Darstellung (siehe Abbildung 2) deutlich, in der zusätzlich zwischen West- und Ost-Berlin differenziert wurde.

---

[59] Vgl. Senatsverwaltung für Inneres und Sport: Modernisierungsprogramm „ServiceStadt Berlin 2016" (2012). S. 1ff.
[60] Vgl. Senatsverwaltung für Stadtentwicklung Berlin: Handbuch zur Partizipation (2011). S. 266ff.
[61] Vgl. Momper (Hrsg.): Lokale Agenda 21 (2006). S. 29ff.

Berlin-West

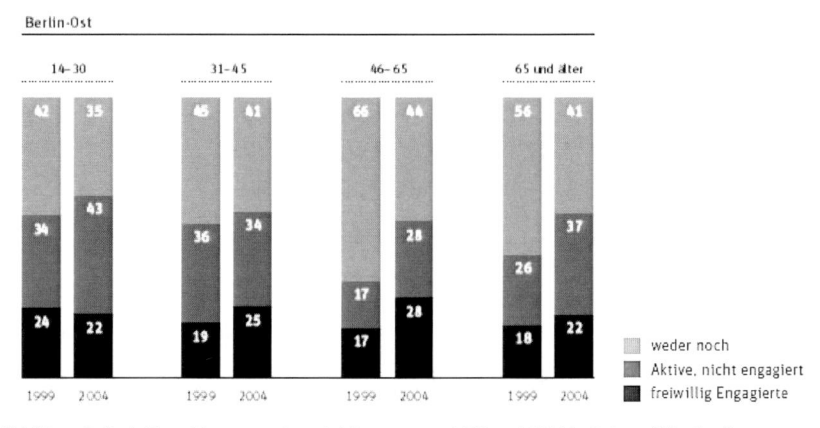

[Balkendiagramm: Altersgruppen 14–30, 31–45, 46–65, 65 und älter, jeweils 1999 und 2004]

Altersgruppe	Jahr	weder noch	Aktive, nicht engagiert	freiwillig Engagierte
14–30	1999	42	37	21
14–30	2004	28	50	22
31–45	1999	36	36	28
31–45	2004	29	36	35
46–65	1999	41	27	32
46–65	2004	31	32	37
65 und älter	1999	52	30	18
65 und älter	2004	48	24	28

Berlin-Ost

Altersgruppe	Jahr	weder noch	Aktive, nicht engagiert	freiwillig Engagierte
14–30	1999	42	34	24
14–30	2004	35	43	22
31–45	1999	45	36	19
31–45	2004	41	34	25
46–65	1999	66	17	17
46–65	2004	44	28	28
65 und älter	1999	56	26	18
65 und älter	2004	41	37	22

Abbildung 2: Freiwilliges Engagement nach Altersgruppen 1999 und 2004 in Ost- und Westberlin
(Quelle: Senatsverwaltung für Stadtentwicklung Berlin: Handbuch zur Partizipation (2011). S. 67.)

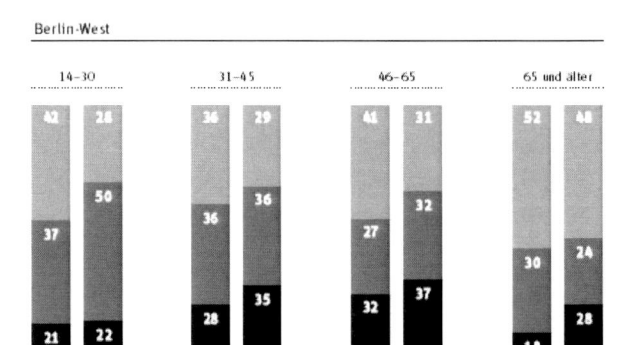

Hier wird deutlich, dass die 31- bis 65-Jährigen sich am häufigsten freiwillig engagieren. 14- bis 30-Jährige zeigten sich zwar auch sehr aktiv in Bezug auf Vereine, Mannschaften oder verschiedene Gruppen, sie legten jedoch wesentlich seltener freiwilliges Engagement an den Tag.

5.2.2.2 Risiken

Auch beim Thema Risiken ist auf die Broschüre ‚Lokale Agenda 21' der Senatsverwaltung für Stadtentwicklung und Umwelt zurück zu greifen.

Diese verdeutlicht den eindeutigen Rückgang langfristigen Engagements in Verbänden oder Parteien durch die Bürgerinnen und Bürger, der absurderweise im gleichen Atemzug zur erwähnten, steigenden Bereitwilligkeit zur Partizipation stattfindet.
Diese Entwicklung wirkt der Chance auf bürgerliche Beteiligung entgegen und stellt somit ein Risiko dar.[62]

Außerdem ist zu beobachten, dass die von der Verwaltung zu bewältigenden Probleme an Komplexität und Vielfalt konstant zunehmen. Begründet ist jener Werdegang dadurch, dass die Bevölkerung in jeder Hinsicht mehr und mehr auseinander driftet. Insbesondere finanzielle und soziale Unterschiede machen dies deutlich. Verschiedene Kulturen und unterschiedliche Ethnien leben miteinander und teilen doch nicht annähernd dieselben Interessen und Sichtweisen.
Für die Politik heißt das, es existiert kein homogenes Bürgerinteresse mehr und die neue Herausforderung lautet folglich, einer immensen Anzahl an sozialen Gruppen und den jeweiligen Interessen gerecht werden zu müssen.

Dem entgegen steht die aktuell stattfindende Verringerung der verwaltungstechnischen Handlungsspielräume, die wiederrum aus den geminderten finanziellen Mitteln resultiert, die den Kommunen zur Verfügung stehen. Das daraus hervorgehende Sparprogramm wirkt sich selbstverständlich zuerst auf fakultative Bereiche wie Kultur, Freizeit und Sport aus und beeinträchtigt somit die Lebensqualität der Bürgerinnen und Bürger.
Immer mehr öffentliche Aufgabenbereiche werden aus diesem Grund in die Verantwortung privater Träger gegeben und verlieren im selben Zug oftmals an Qualität.

Dieser Konflikt zwischen wachsendem Leistungsanspruch und abnehmender Leistungsfähigkeit der Kommunen bringt ein regelmäßiges Scheitern des Verwaltungsapparates mit sich.[63]

---

[62] Vgl. Momper (Hrsg.): Lokale Agenda 21 (2006). S. 29ff.
[63] Vgl. Senatsverwaltung für Stadtentwicklung Berlin: Handbuch zur Partizipation (2011). S. 37f.

5.2.3 Interne Analyse

Nachdem an dieser Stelle die von extern auf die Bürgerbeteiligung einwirkenden Entwicklungen der Umwelt abgehandelt sind, folgen nun die internen Eigenschaften des Partizipationskonzepts.

Zunächst soll die Vielzahl an Stärken und Vorteilen der in diesem Buch thematisierten Materie ausgeführt werden, um anschließend überzugehen auf die Nachteile und die möglichen Kritikpunkte in diesem Zusammenhang.

5.2.3.1 Stärken

Allen voran sei hier die erhöhte Qualität von Planungsergebnissen gestellt, die sich aus einer Planung ergibt, die der Beteiligung frei gestellt wurde. Denn je mehr authentische Meinungen aus der von einer Planung betroffenen Bevölkerung in diese integriert werden, desto sach- und fachgerechter fallen die Ergebnisse am Ende aus.[64]

Das heißt, im Idealfall werden das lokale Wissen der Bürgerschaft und das fachliche Wissen der Verwaltung so kombiniert, dass die Qualität der Planung ihr Höchstmaß erreicht.[65]

Der nächste Vorteil einer Beteiligung der Bürgerschaft liegt in der Vermeidung von Investitionen durch die Kommune, die nicht dem tatsächlichen Bedarf der Bewohner entsprechen und somit überflüssig sind.[66]

Des Weiteren fördert die Einbindung der Bürgerinnen und Bürger den Interessenausgleich zwischen der Verwaltung und den Betroffenen vor Ort, sodass es letzteren wesentlich leichter fällt, sich mit der Politik und ihren Entscheidungen zu identifizieren und hinter jenen zu stehen.

Je früher Konfliktpotenziale erkannt und behoben werden, desto mehr Missverständnisse können vermieden, Einwände berücksichtigt und Anregungen wahrgenommen werden.[67]

Je mehr Einigkeit und Akzeptanz an dieser Stelle herrscht, desto nachhaltiger sind die Lösungen, die gefunden werden.[68]

Diese Akzeptanz kann ebenso dazu führen, dass große Mengen an Geld und Zeit eingespart werden, weil das betroffene Projekt weniger Widerstand in der Bevölkerung erzeugt, wenn sie in den Entscheidungsprozess integriert wurde. Auf diese Weise können häufig

---

[64] Vgl. Senatsverwaltung für Stadtentwicklung Berlin: Handbuch zur Partizipation (2011). S. 8.
[65] Vgl. ebd. S. 58f.
[66] Vgl. ebd. S. 8.
[67] Vgl. ebd. S. 58f.
[68] Vgl. Zierau: Bonner Dialog (2009). S. 26.

aus bürgerschaftlichen Einwänden resultierende Gerichtsverfahren ebenfalls vermieden werden.

Zu guter Letzt sei der Vorteil von Partizipation genannt, dass er das grundsätzliche Interesse an Politik weckt und damit den Willen an demokratischer Teilhabe. Jenes Interesse und der damit entstehende Wille, gesellschaftliche Verantwortung zu übernehmen, sind die Grundpfeiler einer jeden Bürgerbeteiligung.[69]

5.2.3.2 Schwächen

Ein häufig geäußerter Kritikpunkt an der Partizipation der Bürgerschaft spiegelt sich in dem Begriff ‚Scheinbeteiligung' wider. Oftmals erscheint es den Bürgerinnen und Bürgern so, als seien bestimmte Entscheidungen längst gefällt und die angebliche Bürgerbeteiligung diene lediglich der Legitimation. Dieses Problem äußert sich im schlimmsten Fall darin, dass einige Politik Interessierte ihre Motivation verlieren und ihre Beteiligung einstellen.

In vielen Situationen sind einige Bürgerinnen und Bürger schnell überfordert von der Vielzahl und Komplexität relevanter Themen, sodass eine gewisse Abschreckungsgefahr herrscht und nicht alle Themen jeden einzelnen Bürger und jede Bürgerin erreichen. Außerdem gibt es ebenso bestimmte Formen der Beteiligung, die nur bestimmte Gruppen von Menschen erreichen.
Durch fehlerhafte Kommunikationsstrategien kommt es so zustande, dass beispielsweise auf Bürgerversammlungen immer wieder kaum Migranten, Jugendliche, Kinder oder Frauen anzutreffen sind.[70]

Das ebenfalls hiermit zusammenhängende Problem der Armut im Zusammenhang mit politischem Desinteresse und der daraus resultierenden, mangelnden Partizipation wird in folgenden zwei Grafiken (siehe Abbildung 3 und Abbildung 4) deutlich, die jeweils die politische Partizipation beziehungsweise das politische Interesse der Bürgerschaft in Relation setzen zu dessen finanziellen und beruflichen Verhältnissen.[71]

---

[69] Vgl. Trattnigg: Neue Formen partizipativer Demokratie (2010). S. 13.
[70] Vgl. ebd. S. 13f.
[71] Vgl. Senatsverwaltung für Stadtentwicklung Berlin: Handbuch zur Partizipation (2011). S. 61f.

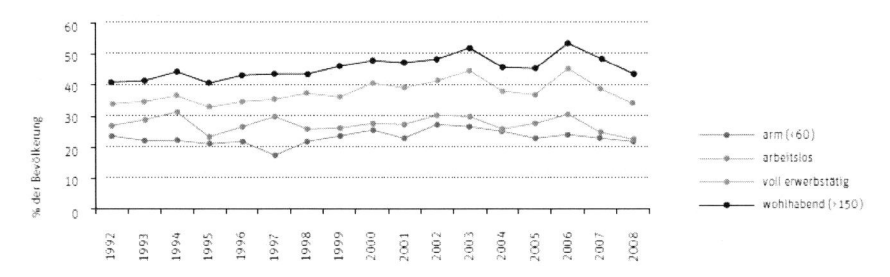

Abbildung 3: Partizipationsquoten nach Bevölkerungsgruppen 1992 bis 2008 - Politisches Interesse (Quelle: Senatsverwaltung für Stadtentwicklung Berlin: Handbuch zur Partizipation (2011). S. 64.)

Hier ist klar zu erkennen, dass sich der Grad des Wohlstands immer schon proportional zum politischen Interesse verhalten hat. Das heißt, je weniger finanzieller Probleme ein Bürger mit sich trägt, desto mehr kann er sich für das Thema der Politik begeistern.

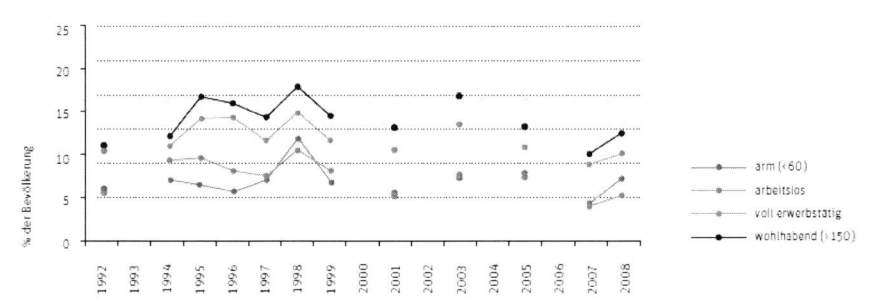

Abbildung 4: Partizipationsquoten nach Bevölkerungsgruppen 1992 bis 2008 – Politische Partizipation (Quelle: Senatsverwaltung für Stadtentwicklung Berlin: Handbuch zur Partizipation (2011). S. 64.)

Ebenso wie mit dem politischen Interesse verhält es sich auch mit der politischen Partizipation. Je wohlhabender ein Berliner Bürger, desto aktiver beteiligt er sich am politischen Geschehen. Hier ist auch besonders deutlich das immense Wachstum der Partizipationsquote von 2007 zu 2008 ersichtlich, deren Hintergründe in Kapitel sechs im Rahmen der partizipativen Geschichte Berlins noch aufgeklärt werden.

Ein weiterer, häufiger Kritikpunkt an Bürgerbeteiligung liegt in der Tatsache, dass nicht häufig genug neue Interessierte an Beteiligungen teilnehmen. Das heißt, der Kreis der sich beteiligenden Bürgerinnen und Bürger verändert sich von Veranstaltung zu Veran-

staltung oftmals kaum, sodass keine optimale Repräsentativität der gesamten Bürgerschaft gegeben ist.[72]
Andererseits kann es ebenso gut vorkommen, dass aufgrund der Freiwilligkeit und Unverbindlichkeit einer Beteiligung die Fluktuation und damit die Wechselquote der Teilnehmer so hoch sind, dass aus zwei Bürgerversammlungen zum selben Thema konträre Ergebnisse resultieren.[73]

Viele Investoren fürchten sich geradezu vor der Beteiligung von Bürgern an ihrem Projekt und lassen sich dadurch verschrecken. Hierbei handelt es sich jedoch nicht um eine frühzeitige Einbindung, durch welche dieses Problem behoben werden könnte, sondern durch die verspätete Information der Bürgerinnen und Bürgern und ihre dementsprechende Reaktion darauf.[74]

Teilweise sind Beteiligungsprozesse derartig gestaltet, dass den sich Beteiligenden die Möglichkeit einer Ablehnung einer konkreten Planung gar nicht erst gegeben ist. Im schlimmsten Fall werden Beteiligte mit dieser Haltung sogar vollständig vom Prozess ausgeschlossen.[75]

Eine jede Beteiligung läuft Gefahr, von einigen wenigen Interessengruppen ‚ausgenutzt' und instrumentalisiert zu werden, die ihre eigenen Anschauungen auf diese Weise durchsetzen wollen. Zusätzlich zu diesen Bürgern gibt es auch diejenigen, die aufgrund ihrer sicheren Artikulationsweise und ihrem Erfahrungsschatz oftmals Beteiligungsverfahren dominieren, sodass andere Bürgerinnen und Bürger und ihre Ansichten kein Gehör finden.[76]

5.2.4 Strategien

Wie eingangs angeführt, werden in der Tabelle 13 (siehe Anhang) die Stärken, Schwächen, Chancen und Risiken der Berliner Bürgerbeteiligung noch einmal zusammen getragen und es werden darauf aufbauend in Kapitel 5.2.4.1 bis 5.2.4.4 entsprechende Strategien formuliert, die eine möglichst positive Entwicklung des thematisierten Gegenstandes ermöglichen sollen.

---

[72] Vgl. Selle: Gemeinschaftswerk? (2010). S. 43ff.
[73] Vgl. Senatsverwaltung für Stadtentwicklung Berlin: Handbuch zur Partizipation (2011). S. 61f.
[74] Vgl. Selle: Gemeinschaftswerk? (2010). S. 43ff.
[75] Vgl. ebd. S. 43ff.
[76] Vgl. Senatsverwaltung für Stadtentwicklung Berlin: Handbuch zur Partizipation (2011). S. 62f.

5.2.4.1 Stärken-Chancen-Strategien

Die Strategien, die sich aus der vergleichenden Analyse der Stärken und Chancen von Partizipation ergeben, lauten demnach wie folgt:

Um das Potenzial der Stärken ‚gesteigertes Interesse an Politik' sowie ‚stärkere Akzeptanz' und der daraus resultierenden ‚nachhaltigeren Lösungen' voll auszuschöpfen, sollte seitens der Kommunen wesentlich mehr Öffentlichkeitsarbeit betrieben werden.

Dies wiederum wird durch die Modernisierung des Verwaltungsapparates und die damit einhergehende, verstärkte Nutzung der online basierten Medien um ein Vielfaches vereinfacht.

So sollte es in Zukunft auch weitaus leichter sein, insbesondere die Jugend zu erreichen und auf diesem Wege den Appell an sie zu richten, sich mehr mit Politik und anderen öffentlichen Angelegenheiten zu beschäftigen und sich intensiver an diesen zu beteiligen.

Ebenfalls das Internet einer moderneren Verwaltung könnte bei der frühzeitigen Information der Bürgerschaft unterstützend wirken.

Durch diese ist ein Interessenausgleich zwischen Verwaltung und Bürgern wesentlich leichter zu erreichen und eher zu gewährleisten, als mit den konventionellen Medien allein.

Dieser Interessenausgleich, wie in der Tabelle ersichtlich, führt dann im Regelfall auch zu einer höheren Akzeptanz politischer Entscheidungen.

An alle diese Regeln muss sich jedoch nicht nur die Seite der Kommune halten.

Auch die engagierten Bürger sind dazu angehalten, sich frühzeitig die Unterstützung seitens der Politik zu sichern, um den erwähnten Interessenausgleich zu fördern.

Dies ist eine weitere Strategie, die verfolgt werden sollte.

Ebenso wichtig ist es, für einen regelmäßigen Informationsfluss zwischen allen am Prozess Beteiligten zu sorgen. Dies schafft Transparenz und Vertrauen.

Ohne diese wichtigen Grundlagen fällt es allen Seiten schwer, motiviert zu arbeiten und Akzeptanz für die vermeintliche ‚Gegenseite' aufzubringen.

5.2.4.2 Stärken-Risiken-Strategien

Auf Seiten der Stärken und Risiken stehen im Zentrum der Betrachtung definitiv die zu gering vorhandenen finanziellen Mittel, um allen Aufgaben der Kommune und vor allem den bürgerschaftlichen Ansprüchen an jene gerecht zu werden.

Um diesem Defizit entgegen zu wirken, sollten stets klare Regeln bezüglich der Ermittlung des Bürgerbedarfs sowie der Verteilung dieser Mittel existieren und befolgt werden.
Dies beugt unnötigen, im Sinne von nicht dem Bürgerinteresse entsprechenden Investitionen vor und spart Gelder.

5.2.4.3 Schwächen-Chancen-Strategien

Die bereits erwähnte, definitiv auszubauende Internetpräsenz der Verwaltung würde nicht nur junge Menschen, sondern auch die vielen sozialen Gruppen erreichen, die aus verschiedensten Gründen nur selten am Prozess der Bürgerbeteiligung teilhaben.
Ihr Interesse würde im besten Fall geweckt und ihre Partizipationsquote steigen, sodass sich der Grad der Repräsentativität von entsprechenden Beteiligungsergebnissen ebenso aufwärts bewegen würde.

Des Weiteren ist es unabdingbar, eine jede Beteiligung durch eine kompetente und vor allem unabhängige Kraft steuern zu lassen, um die oft auftretende Gefahr der Instrumentalisierung zu eliminieren.

Zum Schwächen-Chancen-Verhältnis bleibt zuletzt zu empfehlen, dass jede Form der Partizipation aus Repräsentativitätsgründen nach Möglichkeit aus einem geeigneten Mischverhältnis aus Fachleuten und Laien zusammengesetzt sein sollte.

5.2.4.4 Schwächen-Risiken-Strategien

Um zuvor bereits angesprochene soziale Gruppen wie beispielsweise die Migranten oder untere Bildungsschichten besser erreichen zu können, sollten viele Kommunikationskonzepte überarbeiten und angepasst werden.
Wenn das Kommunikationsniveau lediglich der ‚Mittelklasse' entspricht, dann wird auch nur diese dadurch angesprochen und dies bedeutet verfälschte und somit nicht repräsentative Beteiligungsergebnisse.

Nicht nur die Kommunikationsweise, sondern insbesondere auch die Möglichkeiten der Partizipation sollten an einigen Stellen den Bedürfnissen und Lebensumständen derjenigen Personen angepasst werden, die damit erreicht werden sollen.

Handelt es sich zum Beispiel um eine Initiative zugunsten von Migranten, sollten diese auch die Möglichkeit haben, sich ohne große Umstände und Hürden einzubringen.

Dies würde das Interesse jener von Partizipationsprozessen oft ausgegrenzten sozialen Gruppen wecken und damit die Türen öffnen für eine ganz neue Ebene der Legitimation von Planungsergebnissen.

6. Praktisches Beispiel

6.1 Methodik

Der praktisch orientierte Teil dieser Studie beschäftigt sich mit dem Thema Mediaspree. Dieses spannende Beispiel eines Bürgerbeteiligungsprozesses in Berlin erregt bis heute große öffentliche Aufmerksamkeit und ist stellvertretend für eine gesamtstädtische Entwicklungsproblematik einzuordnen, die weit über die Grenzen Berlins hinweg reicht.[77]

Aus diesem Grund wird dieses Kapitel zunächst die allgemeinen und insbesondere die immobilienwirtschaftlichen Entwicklungen betrachten, die sich seit dem 19. Jahrhundert bis heute in Berlin vollzogen haben.
In diesem Rahmen wird ebenfalls das Städtebauförderungsprogramm Stadtumbau West kurz vorgestellt.
Ein genauer Blick auf den Bezirk Friedrichshain-Kreuzberg und seine aktuelle, städtebauliche Situation soll dann den Übergang zum Thema Mediaspree bilden.
Dieses wird im Anschluss einleitend kurz definiert, um dann in Äquivalenz zum chronologischen Ablauf drei für das Mediaspree Geschehen relevante Akteure beziehungsweise Veranstaltungen zu thematisieren: die Mediaspree GmbH, die Bürgerinitiative Mediaspree Versenken und das Offene Forum Kreative Spree.
Der Höhepunkt der Ereignisse in den letzten Jahren der Mediaspree, das Bürgerbegehren ‚Spreeufer für alle', soll daraufhin bezüglich seines Ablaufs, seiner Ergebnisse und seiner Folgen für die weitere Entwicklung am Spreeufer betrachtet werden.
Den Abschluss dieses allgemeinen Abschnitts zum Thema Mediaspree bildet die Darlegung der aktuellen Situation im Mediaspree Gebiet.
Daraufhin folgt die Ausführung der beiden in Kapitel eins bereits angesprochenen Grundstücke Anschutz Areal sowie SpreeUrban. Diese beiden Beispiele sollen zunächst einzeln in ihrer Historie und ihrer Bedeutung für die partizipativen Geschehnisse in Berlin betrachtet werden, um darauf aufbauend einen entsprechenden Vergleich anzustellen.

Ein Fazit bezüglich der Vergleichbarkeit dieser beiden konkreten Einzelfälle sowie ein daran anschließendes Fazit in Bezug auf das gesamte sechste Kapitel dieses Buches werden dieses abschließen.

---

[77] Vgl. Thiele: Kreative Stadt als Medium der Stadtentwicklung (2011). S. 71.

6.2. Städtebauliche Entwicklung Berlins seit dem 19. Jahrhundert

6.2.1 Vom 19. Jahrhundert bis zur Wiedervereinigung

Berlin war während 19. bis hin zum Anfang des 20. Jahrhunderts eine von Industrie- und Gewerbeansiedlungen geprägte Stadt.
Die Industrialisierung ließ die Stadt ab der zweiten Hälfte des 19. Jahrhunderts rasant anwachsen und brachte noch heute repräsentative Zeitzeugen wie den Osthafen hervor.[78]
Viele dieser Monumente stehen noch immer unter Denkmalschutz, wie beispielsweise das ehemalige Eierkühlhaus in der Stralauer Allee, das dieser Tage dem Unternehmen Universal Music als Deutschlandzentrale dient.

Im zweiten Weltkrieg dann wurde eine Vielzahl an Gebäuden, die der Spree entlang entstanden waren, bis zur Unkenntlichkeit zerstört.
Ihr Wiederaufbau gestaltete sich als äußerst schwierig aufgrund der Mauer, die Berlin fortan teilte und der durch die Sowjetunion zahlreich durchgeführten Demontagen.
Erstere sorgte außerdem für einen gewaltigen Attraktivitätsverlust des gesamten Gebietes und demzufolge für ein verschwindend geringes Interesse potenzieller Investoren.
So kam es, dass auf Seiten der DDR das Spreeufer nur noch von einigen wenigen Betrieben genutzt wurde.

Auf der Westseite Berlins siedelten sich am Kreuzberger Spreeufer hingegen viele alternative Kultur- und Kunstprojekte an, um von den durch die Grenzlage bedingten, günstigen Mietpreisen verwahrloster Flächen und Gebäude als Zwischennutzer zu profitieren.
Im kalten Krieg dann, im Zeitraum von etwa 1947 bis 1991, sollte Westberlin nach dem Vorbild der Vereinigten Staaten modernisiert und aufgewertet werden, während auf der Ostseite Parteipaläste, Aufmarschplätze und großzügige Magistralen den repräsentativen Bedürfnissen der Sowjetunion gerecht werden sollten.[79]

6.2.2 Berlin nach dem Mauerfall

Die Wiedervereinigung brachte die gewaltige Aufgabe eines gemeinsamen Neuanfangs der beiden so unterschiedlichen Stadtteile mit sich.
Während in Berlin nach und nach der Wandel von einer Industrie- zur Dienstleistungsgesellschaft Einzug nahm, wollte der Senat die Stadt zum touristischen Kulturziel Nummer eins verwandeln.

---

[78] Vgl. Kiesewetter: Industrielle Revolution in Deutschland (2004). S. 19f.
[79] Vgl. Stöver: Der Kalte Krieg (2007). S. 11.

Jedoch kam es dazu, dass sich Ost- und Westberlin weder städtebaulich noch stadtfunktional einander annäherten.

Friedrichshain und Kreuzberg fanden sich nach dem Mauerfall plötzlich weitab ihrer ehemaligen Randlage wieder und wurden Teil der polyzentrischen Stadtstruktur Berlins. Auf der einen Seite der Spree wollte man aus Friedrichshain der innenstädtischen Lage entsprechende Nutzungen etablieren, auf der anderen sollte das Kreuzberger Ufer weiterhin als gewerblicher Standort Berlins dienen.[80]

Die Oberbaumbrücke wurde nach ihrer Aufarbeitung zu einer der bedeutendsten übergeordneten Verkehrsverbindungen Berlins und die Entstehung der East Side Gallery brachte eine ihrer heute berühmtesten Sehenswürdigkeiten in die Hauptstadt. Zwischen ihr und der Spree siedelte sich Berlins größter Wagenplatz an, der heute unter dem Namen ‚Schwarzer Kanal' die Kiefholzstraße 74 ziert. Außerdem zog es viele Clubs und Diskotheken in die Nähe der Warschauer Straße.[81]

Die 90er Jahre brachten einen gewaltigen Immobilienboom mit sich, der aus den zu jener Zeit ausnahmslos positiven Prognosen für die Stadt resultierte.
Insbesondere der Spreeraum lockte viele Interessenten an, nicht zuletzt aufgrund seiner guten Anbindung an das öffentliche Verkehrsnetz.[82]

Doch die Entwicklung zur internationalen Dienstleistungsmetropole ließ auf sich warten und die Millionen Quadratmeter an Büroflächen, die im Eiltempo errichtet worden waren, blieben ungenutzt.[83]

Entgegen aller Vorhersagen verlegten nur wenige Großunternehmen ihren Hauptsitz nach Berlin und das große Wirtschaftswachstum blieb aus. Dies lag unter anderem daran, dass es auch außerhalb Berlins genügend andere zur Verfügung stehende Flächen gab, die auch überzeugende Standortvorteile mit sich führten und die gegebenenfalls sogar kostengünstiger waren.[84]

---

[80] Vgl. Strecker: Mediaspree Berlin (2010). S. 29f.
[81] Vgl. Höpner: Standortfaktor Image (2005). S. 41f.
[82] Vgl. Strecker: Mediaspree Berlin (2010). S. 29f.
[83] Vgl. Höpner: Standortfaktor Image (2005). S. 36f.
[84] Vgl. Strecker: Mediaspree Berlin (2010). S. 31.

Folge dieser Entwicklungen waren jahrelanger Leerstand und daraus resultierende, sinkende Mietpreise. Viele Vorhaben wurden eingestellt, andere ohne sicheren Nutzer gar nicht erst begonnen.[85]

Die so wieder in den Vordergrund gerückten Zwischennutzungen der leerstehenden Gebäude entwickelten sich aufgrund des geringen Flächenbedarfs zu jener Zeit in den Folgejahren oftmals zu etablierten Dauernutzungen, da die Haushaltslage Berlins keine neue Ausweisung von Sanierungsgebieten zuließ.[86]

In der Mitte der 90er Jahre dann sahen Experten einen neuen Zugang zum lang ersehnten Wirtschaftswachstum in der Medienbranche.[87]

Die Sanierung einiger Gebäude in Friedrichshain und Kreuzberg wurde vorgenommen und neue Gebäude wurden errichtet, wie auch die Verdizentrale.

In 2001 schließlich erfolgte die Zusammenlegung der beiden Bezirke und man entschloss sich, aufgrund des Wegzugs vieler Unternehmen, der jahrzehntelangen Randlage der beiden Bezirke sowie der einst erfolgten Zerstörung vieler Betriebe, das Spreeufer einer Umnutzung zu unterziehen.

Der 1994 verabschiedete, neue Flächennutzungsplan wurde im Jahr 2002 beschlossen. Die Senatsverwaltung für Stadtentwicklung verfolgte auf diese Weise fortan die Absicht, die ehemaligen Grenzgebiete zu reaktivieren.[88]

Der Flächennutzungsplan basierte auf einem im Jahr 2001 veröffentlichten Konzept namens ‚Leitbild Spreeraum Friedrichshain-Kreuzberg'. Dieses sah unter anderem vor, das Spreeufer einer intensiven Bebauung zu unterziehen und die Entwicklung eines schmalen Uferparks voran zu treiben.[89]

6.2.3 Stadtumbau West

Um den städtebaulichen und stadtplanerischen Aufgaben Berlins gerecht zu werden, wurde im Jahr 2004 das Städtebauförderungsprogramm ‚Stadtumbau West' ins Leben gerufen.

Stadtgebiete, die eine hohe Konzentration benachteiligter Bevölkerungsgruppen aufwiesen, deren Versorgungszentralität rückläufig war, deren Haushalt kaum finanzielle Mög-

---

[85] Vgl. Höpner: Standortfaktor Image (2005). S. 37.
[86] Vgl. Strecker: Mediaspree Berlin (2010). S. 32.
[87] Vgl. Höpner: Standortfaktor Image (2005). S. 27f.
[88] Vgl. Strecker: Mediaspree Berlin (2010). S. 37.
[89] Vgl. Senatsverwaltung für Stadtentwicklung Berlin: Handbuch zur Partizipation (2011). S. 259f.

lichkeiten offen ließ und deren Image stark verbesserungswürdig war, wurden Teil der Stadtumbaumaßnahmen im Rahmen des Stadtumbau West.
Hierdurch sollten und sollen noch immer Gebiete mit schätzbar geringem Wert und geringer Bedeutung für die gesamte Stadt aufgewertet und ihre nicht beziehungsweise untergenutzten Flächen und Gebäude revitalisiert werden.[90]

Die inzwischen 401 Kommunen, die auf diese Weise bei der Anpassung an die neuen demografischen und wirtschaftlichen Strukturen unterstützt werden, erhielten seit Beginn der Förderung in 2004 bis zum Jahre 2011 insgesamt 1,5 Milliarden Euro von Bund, Ländern und Gemeinden. Für das Jahr 2012 wird die Summe der Bundesfinanzhilfen voraussichtlich insgesamt 71 Millionen Euro betragen.[91]

Großen Investitionsbedarf sieht die Senatsverwaltung für Stadtentwicklung noch am Kreuzberger Spreeufer. Aufgrund des hier vorhandenen, lagebedingten Potenzials für hochwertige Nutzungen wird eine Urbanisierung des Ufers angestrebt. Diese soll erreicht werden, indem hier existente, große Betriebe mit entsprechend großem Flächenverbrauch umgesiedelt und die Flächen kleineren Betrieben überlassen werden.
Die Brommybrücke soll ebenfalls erneuert werden, sodass die mangelhafte Verbindung der Bezirksteile Friedrichshain und Kreuzberg optimiert wird.
Eine durchgängige Uferpromenade soll den Spreeraum optisch öffnen und die Köpenicker und Schlesische Straße sollen zu einem Boulevard mit Einkaufsmöglichkeiten umgebaut werden.[92]

6.2.4 Aktuelle immobilienwirtschaftliche Situation in Friedrichshain-Kreuzberg

Im Bezirk Friedrichshain-Kreuzberg liegt der Fokus der Stadtentwicklung heutzutage auf den innerstädtischen Flächen und auf der Revitalisierung der vorhandenen Brachflächen. Dies führt zu steigenden Mietpreisen, die sich zu großen Teilen nunmehr lediglich Besserverdienende leisten können.
Die Anzahl an Arbeitsplätzen im tertiären Sektor steigt und bringt ein steigendes Lohnniveau mit sich. Somit herrscht ebenfalls eine verstärkte Nachfrage nach innenstadtnahen, also qualitativ hochwertigeren Wohnungen.

---

[90] Vgl. Strecker: Mediaspree Berlin (2010). S. 77ff.
[91] Vgl. Bundesministerium für Verkehr, Bau und Stadtentwicklung: Stadtumbau West (26.09.12).
[92] Vgl. Strecker: Mediaspree Berlin (2010). S. 80ff.

Diese Entwicklungen begründen die Angst der langjährigen Anwohner Friedrichshain-Kreuzbergs, aufgrund der steigenden Mietpreise und der Aufwertung der Umgebung aus dem Bezirk vertrieben zu werden. Aufgrund der noch relativ geringen Mietpreise vor Ort und der Vergangenheit als Industriegebiet sind hier überwiegend Arbeiterfamilien wohnhaft. Viele haben ihren Arbeitsplatz aufgrund des Strukturwandels jedoch bereits verloren.

Das alternative und einzigartige Ambiente, das die vielen Künstler und Kreativen nach dem Mauerfall in den Bezirk brachten, lockt heute die vom Senat angeworbenen Medien- und Kommunikationsunternehmen an die Spree. Mit ihnen kommen ihre Arbeitnehmer mit einem dem tertiären Sektor entsprechend höheren Einkommen als das vieler der bereits ansässigen Anwohner.

Da somit immer mehr Menschen in Friedrichshain-Kreuzberg leben, die höhere Mieten zahlen können, als sie es im Durchschnitt augenblicklich tun, sehen viele Immobilieneigentümer und Investoren einen Anlass, ihr Eigentum zu sanieren oder neue Gebäude mit höheren Standards zu bauen.

Trotz dem also heute noch relativ viel Leerstand herrscht und die Mieten ihr geringes Niveau halten, geht im gesamten Bezirk die Befürchtung um, durch die Umgestaltung des Spreegebiets zu einem Medien- und Kommunikationszentrum würden die Mieten rasant steigen und sich somit ganz Friedrichshain-Kreuzberg einer kompletten Verwandlung unterwerfen.[93]

6.3 Mediaspree

6.3.1 Einführung

Der 3,7 Kilometer lange und circa 180 Hektar große Uferabschnitt der Spree, der sich zwischen den Stadtteilen Mitte, Friedrichshain, Kreuzberg und Treptow von der Jannowitzbrücke bis hin zur Elsenbrücke erstreckt, wird gemeinhin als ‚Mediaspree' bezeichnet.[94]

Eine Veranschaulichung dieser Lage soll folgende Karte (siehe Abbildung 5) bieten.

---

[93] Vgl. Strecker: Mediaspree Berlin (2010). S. 75.ff.
[94] Vgl. Dubilski: Berlin (2012). S. 228.

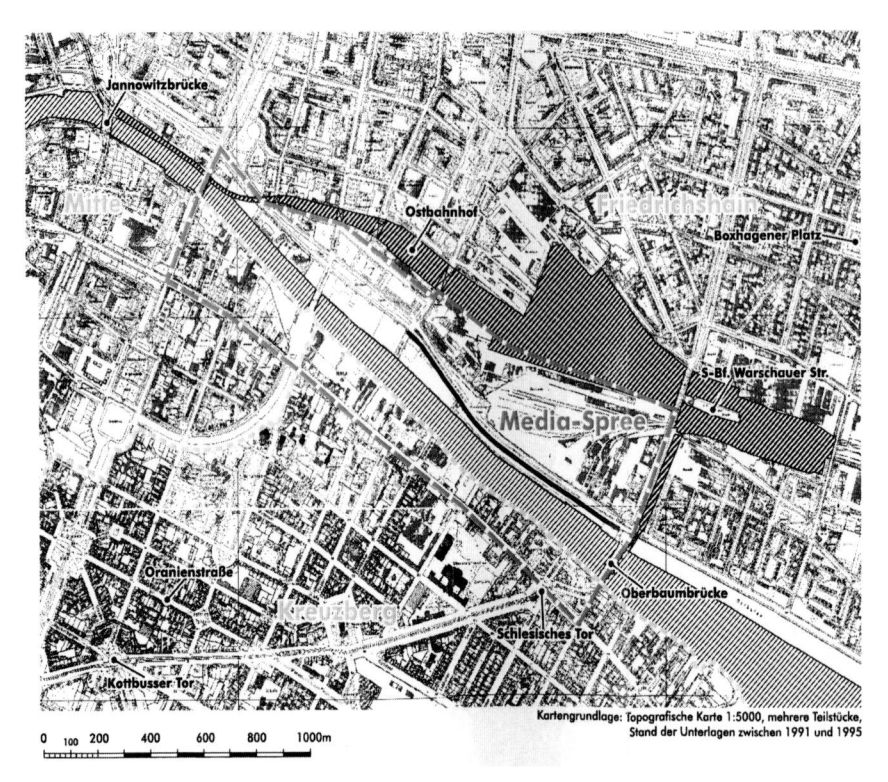

Abbildung 5: Lage Mediaspree Gebiet (Quelle: Höpner: Standortfaktor Image (2005). S. 41f.)

Hinter dem Namen Mediaspree verbirgt sich zum einen das hier befindliche Stadtquartier Berlins, welches mithilfe von Medien- und Kommunikationsunternehmen neu strukturiert werden soll.

Zum anderen ist mit dieser Begrifflichkeit jedoch auch die gemeinsame, privatwirtschaftliche Vermarktung mehrerer Bauvorhaben gemeint. Als eine Art Label sollen so die Planungen für das Spreeufer, die größtenteils bereits seit den 1990er Jahren existieren, aufgrund fehlender finanzieller Mittel jedoch bis heute nahezu unrealisiert blieben, endlich verwirklicht werden.[95]

---

[95] Vgl. Strecker: Mediaspree Berlin (2010). S. 38.

6.3.2 Mediaspree GmbH

In Gang gesetzt wurde diese gezielte Entwicklung zu einem Medienzentrum erstmals im Jahr 2000, als ein Gutachten die Neugestaltung des Spreeufers in eine solche Richtung für den Vorantrieb des Wirtschaftswachstums in Berlin empfohlen hatte.[96]

Um dieses Ziel zu erreichen, muss der Bezirk jedoch mit privaten Investoren kooperieren, da sich einerseits viele betroffene Grundstücke in Privatbesitz befinden und andererseits auch nicht die finanziellen Mittel zur Verfügung stehen, sie in den Besitz der öffentlichen Hand zu überführen.

Eine Bündelung der kommunalen und privaten Interessen sollte deshalb in der privatwirtschaftlichen Initiative media spree GmbH erfolgen. In Zusammenarbeit mit Vertretern der IHK, des Bezirks[97] und des Senats gründeten die Investoren und Eigentümer der Grundstücke an der Spree im Jahr 2001 diese Art von Standortmarketinggesellschaft, aus der 2004 dann der Regionalmanagement mediaspree e.V. hervorging.

Dem fortan als Anlaufstelle für Investoren fungierenden Verein wohnte unter anderem die an späterer Stelle im Rahmen des praktischen Beispiels noch thematisierte Anschutz Entertainment Group bei, die einige Jahre später für den Bau der O2 World verantwortlich sein sollte.[98]

Auch die SpreeUrban Entwicklungsgesellschaft mbH & Co. KG der BSR gehörte zu den Mitgliedern, wie die eigens zu Vermarktungszwecken vom Verein veröffentliche Zeitschrift ‚mediaspree' in ihrer ersten Ausgabe 2005 verlauten ließ.[99] Auch die BSR wird als Eigentümerin eines sehr umstrittenen Grundstücks an der Spree im praktischen Beispiel dieser Studie noch eine zentrale Rolle spielen.

Der Regionalmanagement mediaspree e.V. nahm somit im Rahmen der Mediaspree Entwicklung die Rolle des federführenden Partners des Bezirks ein.[100]
Zu seinen Aufgaben im Sinne der Umgestaltung des Spreegebiets als anerkanntes Medienviertel zählten „der Aufbau eines Netzwerkes für Akteure vor Ort, die Beratung ansässiger und ansiedlungswilliger Unternehmen [...], ein gebündeltes Marketing zur Entwicklung des Images von media spree, der Aufbau und die Pflege eines kontinuierlichen Informati-

---

[96] Vgl. Höpner: Standortfaktor Image (2005). S. 54.
[97] Bei Verwendung des Begriffs ‚Bezirk' als politischer Akteur ist in diesem Buch stets die Rede von der Bezirksverordnetenversammlung beziehungsweise vom Bezirksamt Friedrichshain-Kreuzbergs.
[98] Vgl. Strecker: Mediaspree Berlin (2010). S. 43f.
[99] Vgl. Regionalmanagement media spree e.V. (Hrsg.): Intro (2005). Intro.
[100] Vgl. Strecker: Mediaspree Berlin (2010). S. 38.

onssystems sowie die Initiierung von grundstücksübergreifenden, öffentlichen Projekten"[101].

Der Verein existierte vier Jahre lang, bis seine finanzielle Förderung durch das Bezirksamt Friedrichshain-Kreuzberg Ende 2008 auslief. Seitdem erfolgt die weitere Gebietsentwicklung durch die Eigentümer und Investoren in Form einer neuen Standortgemeinschaft.[102]

6.3.3 Mediaspree Versenken

So sehr die Investoren, Grundstückseigentümer und die verantwortlichen Politiker Berlins die Umgestaltung des Spreeufers zu einem Zentrum für Medienwirtschaft wollten und guthießen, gab es trotz allem von unzähligen Seiten niederschmetternde Kritik an den Plänen.
Insbesondere die in Friedrichshain-Kreuzberg ansässigen Anwohner bemängelten die fehlenden, öffentlich zugänglichen Uferflächen und die befürchtete Verdrängung der alternativen Kultur- und Kunstprojekte, die als ursprüngliche Zwischennutzer fester Bestandteil der Bezirke und des Alltags der Anwohner geworden waren.

Im Jahr 2006 gründete sich deshalb die Bürgerinitiative Mediaspree Versenken, um die geplante Bebauung zu verhindern. Die Initiative forderte einen 50 Meter breiten, öffentlich zugänglichen Uferstreifen im betroffenen Gebiet sowie den Verzicht auf eine Hochhausbebauung und den Bau einer neuen Autobrücke.
Man arbeitete Alternativvorschläge für die einzelnen Grundstücke aus und hoffte, damit eine sozial und ökologisch nachhaltigere und kleinteiligere Entwicklung bewirken zu können, die insbesondere mit den Anwohnern abgestimmt wird.[103]

Starke Kritik erfuhren die Mediaspree Planungen ebenfalls wegen der begrenzten Einflussmöglichkeiten des Bezirks. Aufgrund der privaten Finanzierung der Bebauung durch die Investoren selbst können diesen vom Bezirk lediglich Rahmenbedingungen vorgegeben werden. Dies hat zur Folge, dass die Investoren relativ autonom ihre privaten ökonomischen Ziele verfolgen können, die selbstverständlich nicht denen der Bezirksanwohner entsprechen.[104]

---

[101] Vgl. Regionalmanagement media spree e.V. (Hrsg.): Intro (2005. Intro.
[102] Vgl. Regionalmanagement media spree e.V. (Hrsg.): Sehnsuchtsort Fluss (2008). S. 3.
[103] Vgl. Senatsverwaltung für Stadtentwicklung Berlin: Handbuch zur Partizipation (2011). S. 260f.
[104] Vgl. Strecker: Mediaspree Berlin (2010). S. 86f.

Verschiedenste Initiativen, Veranstaltungen und Netzwerke fanden sich, die sich auf die Seite der Bürgerinitiative schlugen und ihr Unterstützung leisteten.

Hierzu gehören beispielsweise die Initiative Mediaspree Entern, die Demonstration Transgenialer CSD sowie zahlreiche Freiluftkinos und Clubs Berlins wie das YAAM und das Kunsthaus Tacheles in Mitte.[105]

6.3.4 Offenes Forum Kreative Spree

Um den schwierigen Dialog zwischen allen Beteiligten konstruktiver zu gestalten, ihre Interessen voranzutreiben und um weitere Polarisierungen zu vermeiden, lud der Bürgermeister Friedrichshain-Kreuzbergs im Herbst 2007 zum Offenen Forum Kreative Spree ein.[106]

Auf der Gästeliste standen sowohl etablierte Zwischennutzer des Spreeufers als auch Anwohner, Eigentümer, Investoren, unterschiedliche Initiativen und Stadtteilgruppen, verschiedene Unternehmen und Vertreter des Bezirks und des Senats.

Erschienen sind zu den insgesamt zwei Veranstaltung etwa 250 Gäste.[107]

Laut den Aussagen der Initiative Mediaspree Versenken konnten im Offenen Forum für Kreative Spree jedoch keine erwähnenswerten Änderungen oder Fortschritte erzielt werden.[108]

6.3.5 Bürgerentscheid ‚Spreeufer für alle'

6.3.5.1 Vom Bürgerbegehren zum Bürgerentscheid

Als Folge der ernüchternden Bilanz, die Mediaspree Gegner bis dato aus ihren Bemühungen ziehen mussten, wurde im Oktober 2007 von der Initiative Mediaspree Versenken ein Bürgerbegehren unter dem Motto ‚Spreeufer für alle' initiiert.

Das am 2. Oktober 2007 vom Bezirksamt Friedrichshain-Kreuzberg für zulässig erklärte, entsprechende Bürgerbegehren ‚Spreeufer für alle' trat für die Änderung der bestehenden Bebauungspläne ein.

Gefordert wurden in diesem Zusammenhang ein Mindestabstand zum Spreeufer neu errichteter Gebäude in Höhe von 50 Metern, die Einhaltung der Traufhöhe Berlins sowie das Ablassen von den Plänen einer neuen Autobrücke.

---

[105] Vgl. Thiele: Kreative Stadt als Medium der Stadtentwicklung (2011). S. 70.
[106] Vgl. Senatsverwaltung für Stadtentwicklung Berlin: Handbuch zur Partizipation (2011). S. 260.
[107] Vgl. Regionalmanagement media spree e.V. (Hrsg.): Forum Kreative Spree (2007). S. 8.
[108] Vgl. Senatsverwaltung für Stadtentwicklung Berlin: Handbuch zur Partizipation (2011). S. 260.

Innerhalb von fünf Monaten wurde mit 16.000 Unterschriften fast das Dreifache der Menge gesammelt, die für die Durchführung eines Bürgerentscheids erforderlich gewesen wären.

Der so ermöglichte Bürgerentscheid wurde am 4. März 2008 beim Bezirksamt eingereicht und am 13. Juli 2008 dann im Bezirk Friedrichshain-Kreuzberg durchgeführt.

Zusätzlich zu den Forderungen der Initiative enthielt der Bürgerentscheid einen Gegenvorschlag der Bezirksverordnetenversammlung, in dem von einer durchgehenden Uferpromenade, Parks auf beiden Seiten des Ufers, der Einhaltung der Berliner Traufhöhe auf der Kreuzberger Uferseite und dem Verzicht auf das geplante Hochhaus die Rede war.[109]

Außerdem enthielt der Entscheid den Hinweis der Bezirksverordnetenversammlung, dass es sich beim Ergebnis des Bürgerentscheids um Empfehlungen handelt, die nur insoweit realisierbar sind, wie sie keine Entschädigungszahlungen an Grundstückseigentümer und Investoren mit sich brächten.

Es wurde auch darauf hingewiesen, dass im Falle einer Realisierung des Vorschlags der Initiative gewaltige Mengen an Entschädigungszahlungen auf den Bezirk zukommen würden.[110]

Von den etwa 182.500 in Friedrichshain-Kreuzberg lebenden Menschen gaben 35.000 im Rahmen des Bürgerentscheids ‚Spreeufer für alle' ihre Stimme ab.

Dabei wurden die Ziele der Initiative mit insgesamt 87 Prozent der Stimmen unterstützt, der Vorschlag der Bezirksverordnetenversammlung hingegen mit 42 Prozent.[111]

Trotz dieses für die Anwohner positiven Ergebnisses behielt dieses seinen lediglich empfehlenden Charakter, da keine rechtsverbindlichen Bürgerentscheide im Zusammenhang mit Bebauungsplänen durchgeführt werden dürfen.[112]

6.3.5.2 Ergebnisse des Bürgerentscheids

Die Forderungen der Initiative wären nur durch eine Änderung der Bebauungspläne umsetzbar gewesen. Die dadurch fällig gewordenen Entschädigungszahlungen, die der Bezirk hätte aufwenden müssen, ließ dessen Haushaltsituation nicht zu.

Hierbei handelte es sich nach Angaben der Initiative um etwa 50 Millionen Euro, nach Angaben des Bezirks sogar um circa 165 Millionen Euro.

---

[109] Vgl. ebd. S. 260ff.
[110] Vgl. Strecker: Mediaspree Berlin (2010). S. 101f.
[111] Vgl. Senatsverwaltung für Stadtentwicklung Berlin: Handbuch zur Partizipation (2011). S. 261.
[112] Vgl. Strecker: Mediaspree Berlin (2010). S. 103.

Trotz dieser misslichen Lage und den unzähligen Widerständen seitens der Anwohner sprach die Senatorin für Stadtentwicklung den Investoren Planungssicherheit zu und erklärte das bestehende Baurecht sowie die städtebaulichen Verträge für unangreifbar.[113]

Die Gegnerseite jedoch, einschließlich der Initiative Mediaspree Versenken, dem Verein Mehr Demokratie sowie den Kreisverbänden der SPD und Grünen, forderte eine unverzügliche Umsetzung des Bürgerwillens.[114]

6.3.5.3 Folgen des Bürgerentscheids und weitere Entwicklung der Proteste

So kam es vier Tage nach dem erfolgreichen Bürgerentscheid dazu, dass ein Sonderausschuss einberufen wurde, der eine mögliche Änderung der Bebauungspläne sowie die Zukunftsperspektiven der bestehenden Zwischennutzungen untersuchen und verhandeln sollte.

Mitglieder des Sonderausschusses Spreeraum waren Bezirkspolitiker aus allen Fraktionen, vier Vertreter von Mediaspree Versenken, einige Vertreter des Senats sowie Grundstücksnutzer und -besitzer.
Die Seite der Politiker erklärte sich jedoch nur bereit, Grundstücke in Betracht zu ziehen, wenn für diese noch kein gültiges Baurecht existierte oder aber wenn sie sich im Besitz landeseigener Betriebe befanden.[115]

Im Allgemeinen heißt es, anders als die Investoren und der Senat verhielt sich das Bezirksamt im Rahmen der Aktivitäten im Sonderausschuss Spreeraum größtenteils kompromissbereit.[116]

In den darauf folgenden Monaten wurden von den Mediaspree Gegnern zahlreiche Protestaktionen inszeniert, um den Bürgerentscheid zu bekräftigen.
Zu diesen gehörten beispielsweise das Investorenjubeln[117], die seitdem jährlich stattfindende Spreeparade sowie unterschiedlichste Kunst- und Musikprojekte, Aktionstage und Demonstrationen großen Ausmaßes.[118]

---

[113] Vgl. Senatsverwaltung für Stadtentwicklung Berlin: Handbuch zur Partizipation (2011). S. 261.
[114] Vgl. Thiele: Kreative Stadt als Medium der Stadtentwicklung (2011). S. 70.
[115] Vgl. Senatsverwaltung für Stadtentwicklung Berlin: Handbuch zur Partizipation (2011). S. 261f.
[116] Vgl. Strecker: Mediaspree Berlin (2010). S. 103.
[117] Vgl. Netzwerk für urbane Kultur e.V.: Investorenjubeln (27.09.12).
[118] Vgl. Thiele: Kreative Stadt als Medium der Stadtentwicklung (2011). S. 70f.

Letztere fanden einen Höhepunkt in den Protestzügen, die am 10. Juli 2010 im Rahmen des sogenannten Sternmarsches durch die Bezirke Friedrichshain-Kreuzberg, Treptow, Mitte und Prenzlauer Berg zogen.

Initiator dieser Aktion war das Bündnis Megaspree, bei dem es sich nach eigenen Aussagen um ein „offenes, aber parteiunabhängiges Bündnis aus Kunst- und Kulturschaffenden, ClubbetreiberInnen, politischen Gruppen, Freiraum-BewohnerInnen und –NutzerInnen"[119] handelt, das seit 2009 gemeinsam für die alternative Kultur Berlins und gegen seine einseitige Stadtentwicklungspolitik protestiert.[120]

Nach insgesamt 15 Monaten Mitgliedschaft und eher geringfügigen Erfolgen verließ die Initiative Mediaspree Versenken im Dezember 2009 schließlich den Sonderausschuss Spreeraum, da über jedes der betroffenen Grundstücke eingehend debattiert wurde und das letztendlich aus den Ergebnissen formulierte Papier des Bezirksbürgermeisters so weit entfernt war von den Forderungen der Initiative, dass sie in weiteren Diskussionen keinen Sinn mehr sah.

Trotz allem wurden einige Entscheidungen getroffen, die den Zielen des Bürgerentscheids entgegen kamen.
Hierzu zählt der Verzicht auf den Hochhausbau an der Elsenbrücke, die Auslegung der zu erneuernden Brommybrücke als Fußgänger- und Radfahrerbrücke, die Ausdehnung des Uferweges an einigen Stellen von zehn auf 20 oder sogar 30 Meter sowie das Anlegen zusätzlicher Parkflächen.[121]

6.3.6 Mediaspree heute

Um einen Überblick über die aktuelle Gesamtsituation der Mediaspree zu verschaffen, sind zunächst in der folgenden Tabelle 8 die Fakten einiger wichtiger, in den letzten zwölf Jahren im Rahmen der Mediaspree erbauter beziehungsweise sanierter Gebäude aufgeführt.

---

[119] o. V.: Megaspree (27.09.12).
[120] Vgl. o. V.: Megaspree Sternmarsch zum Roten Rathaus (27.09.12).
[121] Vgl. Senatsverwaltung für Stadtentwicklung Berlin: Handbuch zur Partizipation (2011). S. 262f.

Tabelle 8: Auswahl an Neubauten und Sanierungen an der Mediaspree seit 2000

Objekt	Straße	Eigentümer	Investitions-volumen	Mietfläche	Fertigstellung
Ibis-Hotel	An der Schilling-brücke	OMG Objekt-Marketing-Gesellschaft	22 Mio. €	2.810m²	2000
Energie-Forum	Stralauer Platz 33-34	R+V Versicherung	50 Mio. €	18.000m²	2003
MTV	Stralauer Allee 7	Canada Life/ Medienhafen Berlin Property GmbH	38 Mio. €	16.500m²	2004
Labels Berlin I und II	Stralauer Allee 10-12	LABELS Stralauer Allee GmbH	25 Mio. €	13.300m²	2006/ 2009
O2 Arena	Mühlenstraße 12-30	Anschutz Entertainment Group	165 Mio. €	60.000m² BGF	2008
Spreespeicher	Stralauer Allee 1-2	IVG Immobilien AG	95 Mio. €	35.500m²	2002
ver.di-Bundes- und Landeszentrale	Paula-Thiede-Ufer 10	VVG Vermögens-verwaltung der Vereinten Dienstleistungsgewerkschaft (ver.di) GmbH	110 Mio. €	36.000m²	2004

Quelle: eigene Darstellung in Anlehnung an Regionalmanagement media spree e.V. (Hrsg.): Neubauten/Sanierungen 1993-2007 (2007). S. 6f.

Aktuell sieht sich der Bezirk Friedrichshain-Kreuzberg in der Zwickmühle, einerseits die Investoren des Spreeufers von einer Anpassung ihrer Planungen überzeugen und ihnen andererseits gleichzeitig die Angst vor noch ausstehenden Folgen des Bürgerentscheids nehmen zu wollen.

Letztere ist begründet durch die Offenheit, die der Bezirk gegenüber den Beteiligungsergebnissen verkündet hat und den Verzögerungen, die sich bei einer Umsetzung dieser Ergebnisse im Bauprozess ergeben könnten und die immense Kosten für die Investoren mit sich brächten.[122]

Der Senat hingegen betrachtet die noch immer bestehenden Zwischennutzungen am Spreeufer weiterhin als qualitätsmindernd für die Umgebung und sieht eine Verbesserung seines Images nur in einer Umstrukturierung mithilfe von finanzieller Unterstützung durch private Investoren und deren fortschreitende Ansiedlung am Spreeufer.[123]

Der Senat drohte weiterhin dem Bezirksamt Friedrichhain-Kreuzberg mit dem Entzug der Planungszuständigkeit für das Gebiet, wenn dieses sich weiterhin gegen die Interessen des Senats und der Investoren stellen sollte. Damit erhöht sich der Druck auf den Bezirk ungemein, da er sowohl den Forderungen des Senats, als auch denen seiner Anwohner gerecht werden will und muss.
Trotz dieses Drucks von Seiten des Senats konnte der Bezirk bereits eine Änderung des Bebauungsplanes zugunsten eines 30 Meter breiten Uferstreifens an einigen Grundstücken erwirken. Die Planung eines Hochhauses am Osthafen hat jedoch weiterhin Bestand.[124]

Die wenigen Gebäude, die unter dem Label der Mediaspree bis heute errichtet wurden, sind jedoch noch in der Unterzahl gegenüber den alten Industriegebäuden, die momentan noch die Spree zieren und ihr noch immer nicht den Anblick eines Medienzentrums verleihen.[125]
Trotz dieser noch recht heterogen beschaffenen Gestaltung und Nutzung des Mediaspree Gebietes hat sich die Medienwirtschaft in den Bereichen der Oberbaumbrücke und dem Schlesischen Tor bereits teilweise etabliert.
Viele kleinere und auch einige größere Unternehmen der Musik-, Film- und Designbranche haben sich in den alten Gewerbehöfen und Speichergebäuden angesiedelt.[126]

Um die Entwicklung der Mediaspree vorantreiben zu können, fordern ihre Partner und Vertreter nun schon seit einigen Jahren vom Bezirk, das betroffene Gebiet gemäß §9

---

[122] Vgl. Strecker: Mediaspree Berlin (2010). S. 104.
[123] Vgl. ebd. S. 55f.
[124] Vgl. ebd. S. 105ff.
[125] Vgl. ebd. S. 113.
[126] Vgl. Höpner: Standortfaktor Image (2005). S. 43.

Ausführungsgesetz zum Baugesetzbuch[127] zu einem Gebiet außerordentlicher stadtpolitischer Bedeutung zu erklären.[128]

Auch heute noch protestieren die Bürger der Hauptstadt für die endgültige Umsetzung des Bürgerentscheids durch den Senat, wie beispielsweise bei einer Demonstration am 14. Juli diesen Jahres zu Erinnerung und zu Ehren des Bürgervotums vor nunmehr vier Jahren.[129]

6.3.7 Anschutz Areal und SpreeUrban

Nachdem nun ausführlich über die allgemeinen Entwicklungen der Mediaspree und die beteiligten Akteure berichtet wurde, folgen an dieser Stelle zwei konkrete Beispiele dafür, wie grundverschieden die Einzelschicksale zweier im betroffenen Gebiet befindlicher Grundstücke beschaffen sein können.

Es handelt sich hierbei um das Grundstück der Anschutz Entertainment Group in der Mühlenstraße 12-30, auf dem sich heute die O2 World befindet und um das sogenannte SpreeUrban Grundstück in der Holzmarktstraße 19-30 im Besitz der BSR.

Zunächst soll eine Tabelle (siehe Tabelle 9) Aufschluss geben über die wichtigsten Fakten bezüglich beider Grundstücke.
Im Anschluss werden beide Grundstücke sowie ihre Entwicklungen bis heute im Einzelnen dargestellt, um darauf aufbauend in Form einer weiteren Tabelle ihre Unterschiede und Gemeinsamkeiten zusammen zu tragen.
Ein kurzes Fazit wird dann diesen Abschnitt des praktisch orientierten Teiles der Studie abschließen.

---

[127] Vgl. Musil/ Kirchner: Das Recht der Berliner Verwaltung (2012). S. 31.
[128] Vgl. Regionalmanagement media spree e.V. (Hrsg.): Position der Investoren (2008). S. 5.
[129] Vgl. o. V.: Protest gegen Ausverkauf von Grundstücken (21.09.12).

Tabelle 9: Übersicht Fakten Anschutz Areal und SpreeUrban

	Anschutz Areal	SpreeUrban
Eigentümer	Anschutz Entertainment Group	Berliner Stadtreinigungsbetriebe (BSR)
Adresse	Mühlenstraße 12-30	Holzmarktstraße 19-30
ehemalige Nutzung	Ostgüterbahnhof	Gebrauchtwarenhaus
B-Plan	festgesetzt	festgesetzt (Anpassung an Bürgerentscheid angekündigt)
Bebauung	<ul><li>Eröffnung der O2 World am 10.09.09</li><li>im Bau: Mercedes Benz Vertriebszentrale und ‚Hotel und Office Campus Berlin'</li><li>in Planung: Shopping Center Warschauer Straße</li></ul>	<ul><li>Bieterverfahren endete am 26.09.12</li><li>notarielle Beglaubigung des Kaufvertrags mit der Holzmarkt eG am 02.10.12 → Konzept: kleinteiliges Kreativdorf</li></ul>

Quelle: eigene Darstellung in Anlehnung an die Inhalte von Kapitel 6

6.3.7.1 Anschutz Areal

O2 World

Auf dem nach seinem Eigentümer benannten Grundstück der Anschutz Entertainment Group befindet sich seit dem 10. September 2008 mit 130 Metern Breite, 160 Metern Länge und 35 Metern Höhe eine der modernsten Multifunktionshallen Europas: die ‚O2 World'. Damit ist sie mit Abstand die größte Multifunktionshalle der Hauptstadt.
Auf 60.000 Quadratmetern Gesamtfläche bietet sie Platz für bis zu 17.000 Zuschauer.

Zusätzlich zum Bau der Arena wurde für einen direkten Zugang zur Spree gesorgt, indem man einen Teil der denkmalgeschützten East Side Gallery umsetzte und als Ausgleichsmaßnahme hierfür den sogenannten East Side Park am Spreeufer entwickelte.

Insgesamt wurden so 165 Millionen Euro in die O2 World investiert.[130]

Die folgende Abbildung 6 bietet eine Übersicht über das gesamte Anschutz Gebiet inklusive aller aktuellen Planungen (rot umrandet), auf die an späterer Stelle dieses Kapitels noch näher eingegangen wird.

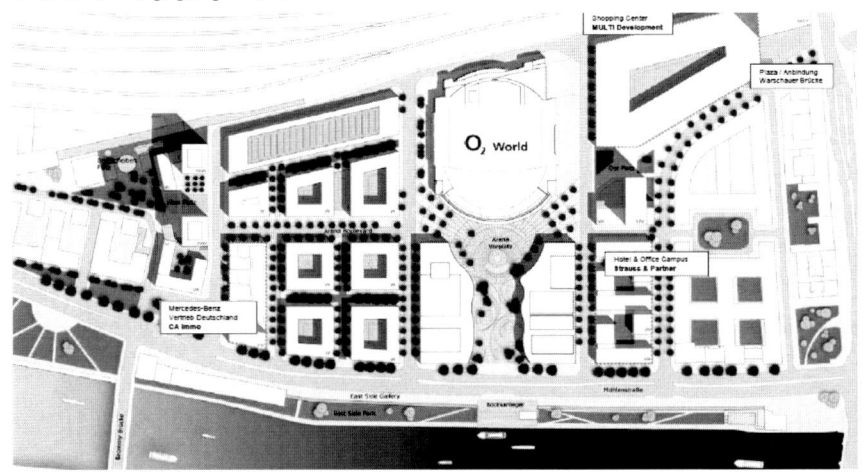

Abbildung 6: Anschutz Areal (Quelle: o. V.: MULTI Development entwickelt Shopping Center (21.09.12))

727 Tage wurde auf dem Gelände des ehemaligen Ostgüterbahnhofs gebaut, bis die Multifunktionshalle am 10. September 2008 neue Arbeitsplätze für insgesamt 900 Menschen schuf.[131]
An jenem Eröffnungstag erschienen rund 1.000 geladene Gäste und für unzählige weitere Zuschauer, darunter auch viele Anwohner, wurde auf dem Vorplatz der Arena ein großes Fest veranstaltet.
Nachdem die Baustelle der O2 World jedoch bereits lange vor ihrer Fertigstellung mehrmals Ziel von Vandalismus geworden war, wurden sowohl das Innere der Halle als auch die Außenanlagen intensiv mit Wachschutz versehen.

Die Gegner dieses Projektes waren zu großen Teilen auch die Gegner der gesamten Mediaspree. 1.200 Personen demonstrierten auch bei der Eröffnung der O2 World noch einmal gegen ihren Bau. Dies unmittelbar vor der Arena zu tun, wurde ihnen jedoch schon im Voraus durch die Polizei untersagt.[132]

---

[130] Vgl. Hettlage: O2 World Berlin (2008). S. 1f.
[131] Vgl. Jürgens: Randalierer stören O2-World-Eröffnung (20.09.12).
[132] Vgl. o. V.: Gegner der O2-Arena erhalten Demoverbot (20.09.12).

Trotzdem kam es im Laufe des Abends zu Ausschreitungen, aufgrund derer einige der zur Eröffnung geladenen Gäste, zu denen auch der Regierende Bürgermeister Berlins, die Botschafter der Vereinigten Staaten und Russlands sowie einige andere namenhafte Persönlichkeiten gehörten, an ihrer Ankunft gehindert wurden.[133]

Organisiert wurden diese Proteste von der sogenannten AG Spreepirat_innen, die sich vor einigen Jahren von der Initiative Mediaspree Versenken abgespaltet hat.[134]

Noch heute beklagen die Mediaspree Gegner, die O2 World verfolge ausschließlich private Profitinteressen und bedeute ausschließlich Einbußen seitens der Anwohner. Beispiele hierfür stellen sowohl der massive Anstieg des Durchgangsverkehrs als auch die steigenden Mietpreise dar, die sich aus der Aufwertung des Gebietes ergeben.[135]

Weitere Projekte auf dem Anschutz Areal

Mercedes-Benz Vertriebszentrale

Seit knapp einem Jahr entsteht nun zusätzlich zur Multifunktionshalle ein weiteres Gebäude auf dem Anschutz Areal. Am 11. September diesen Jahres fand das Richtfest für den geplanten Hochbau statt.

Einziehen will hier Mitte 2013 das Unternehmen Mercedes-Benz, um mit seinen 1.200 Mitarbeitern eine neue Vertriebszentrale auf dem etwa 20 Hektar großen Areal zu eröffnen, das in der Abbildung 6 links unten im Bild zu sehen ist.

Insgesamt vier Gebäude umfasst das gesamte Projekt, bei dem das höchste mit 13 Geschossen über 50 Meter in die Höhe ragen wird.
Aus dem Gebäudekomplex soll ein neues Stadtquartier entstehen, das sowohl Wohn- und Büroflächen, als auch Unterhaltungs- und Einkaufsmöglichkeiten bietet.
Für erstere sind mindestens 56.000 Quadratmeter vorgesehen.[136]

Hotel und Office Campus Berlin

Auf einem anderen Teil des Anschutz Geländes, ebenfalls in Abbildung 6 südöstlich der O2 World zu erkennen, lässt das Unternehmen Strauß & Partner derzeit den Hotel und Office Campus Berlin entstehen, der im Erdgeschoss ebenfalls Fläche für Restaurants und Einkaufsmöglichkeiten vorsieht.

---

[133] Vgl. Jürgens: Randalierer stören O2-World-Eröffnung (20.09.12).
[134] Vgl. Senatsverwaltung für Stadtentwicklung Berlin: Handbuch zur Partizipation (2011). S. 265.
[135] Vgl. o. V.: Gegner der O2-Arena erhalten Demoverbot (20.09.12).
[136] Vgl. Schmidl: Erst die Krone, dann der Stern (20.09.12).

Das Management der Anschutz Entertainment Group wird einen großen Teil der 21.550 Quadratmeter großen Bürofläche für sich selbst nutzen.[137]

Das Niederländische Unternehmen will den Bau bis Anfang 2014 fertig stellen und dann neben den insgesamt drei Bürogebäuden auch 220 Zimmer eines Drei-Sterne-Hotels vermieten.[138]

Shopping Center

Wie in der Abbildung 6 rechts oben im Bild erkennbar, ist auf längere Sicht ebenfalls ein Shopping Center auf dem Areal geplant, das ein Münchner Investor an der Warschauer Straße errichten will.[139]

Nachdem sowohl Anschutz als auch der Käufer, die Multi Development Corporation den Kaufvertrag für das 17.500 Quadratmeter große Grundstück am 6. September diesen Jahres unterzeichnet haben, kann voraussichtlich im Herbst kommenden Jahres die Grundsteinlegung für Berlins 65. Einkaufszentrum erfolgen.[140]

Auf drei Etagen sollen hier insgesamt rund 120 Geschäfte entstehen.
Aufgrund der dadurch befürchteten Verdrängung der kleinen Geschäfte in der Nachbarschaft ist auch dieses Projekt am Spreeufer sehr umstritten.
Selbst der Bezirksbürgermeister äußerte sich zuletzt kritisch über die Pläne dieses Shopping Centers. Ein möglicher Abbruch dieses Projektes ist jedoch ausgeschlossen worden, als der Senat der Anschutz Entertainment Group im Jahr 2004 mittels städtebaulichen Vertrages die Erlaubnis erteilt hat, auf dem Areal insgesamt 27.000 Quadratmeter Ladenfläche zu schaffen.[141]

Ausblick

Trotz dem oder gerade weil die O2 World seit ihrer Eröffnung 2008 ganze 5,3 Millionen Besucher angelockt hat, will sich der Geschäftsführer der Anschutz Entertainment Group, der milliardenschwere Investor Philip Anschutz nun von ihr trennen.
Mit ihr zusammen soll ebenfalls das gesamte Unternehmen verkauft werden. Auswirkungen auf die Arena werden dadurch jedoch nicht erwartet, da sie für die kommenden Monate schon jetzt voll ausgelastet ist.[142]

---

[137] Vgl. ebd.
[138] Vgl. o. V.: Baugenehmigung erteilt für Campus an O2-World (2012). S. 27.
[139] Vgl. Schmidl: Erst die Krone, dann der Stern (20.09.12).
[140] Vgl. o. V.: Anschutz-Areal: MULTI Development entwickelt Shopping Center (21.09.12).
[141] Vgl. Stollowsky: Pläne für Anschutz-Areal (21.09.12).
[142] Vgl. Höhn: Was passiert mit der O2 World? (20.09.12).

6.3.7.2 SpreeUrban

Bar 25

Auf dem ebenfalls in privaten Händen befindlichen Grundstück SpreeUrban sollte ursprünglich ein 110 Millionen Euro teures Prestigeobjekt namens Spreesinus entstehen. Der Baubeginn des bis zu 77 Meter hohen Gebäudes wurde jedoch immer wieder verschoben, bis das Areal schlussendlich von der SpreeUrban Entwicklungsgesellschaft mbH & Co. KG gekauft wurde, einer Beteiligungsgesellschaft der Berliner Stadtreinigungsbetriebe.
Das damals noch in zwei geteilte Grundstück wurde dann durch den zusätzlichen Kauf der nordwestlich angrenzenden Fläche durch die BSR baurechtlich vereint.
Es stand von Beginn an fest, dass die neue Eigentümerin keine eigenen Investitionen in die Fläche vorsieht, sondern es weiter verkaufen will.[143]

Im Jahr 2004 siedelten sich Zwischennutzer auf dem Grundstück an, die fortan hier ein Etablissement namens Bar 25 betrieben. Es wurden jedoch nur kurzfristige Verträge abgeschlossen, da die BSR zeitnah eigene Pläne verwirklichen wollte, die den Namen Quartier SpreeUrban trugen. Hierbei handelte es sich um ein 82.000 Quadratmeter Bruttogeschossfläche großes Projekt, das ein Hotel, Wohnungen sowie Gastronomie- und Büroflächen beinhalten sollte. Ein entsprechender Bebauungsplan war ebenfalls bereits festgelegt.[144]

Die Bar 25 entwickelte sich jedoch von einer mobilen Schenke am Spreeufer weiter zu einer weit über die Grenzen Berlins hinaus bekannten und etablierten Einrichtung.
Die 15 Mitglieder dieser Art von Kommune feierten hier legendäre Partys, sie richteten einen eigenen Radiosender ein, boten ihren Gästen ein Restaurant, ein Freiluftkino, ein Zirkuszelt, eine Konzertbühne und vieles mehr, für das die Anwohner Friedrichshain-Kreuzbergs sich noch bis heute dankbar zeigen.[145]

Selbst die Mediaspree Mitglieder verkündeten in ihrer Publikation im Jahr 2005: „War die Bar 25 bisher nur hartgesottenen Partygängern ein Begriff [...] hat sich der Laden in diesem Sommer zu einer urbanen Ranch weiterentwickelt. [...] Schaukeln bis über die Spree und Sonnenuntergänge sind gratis."[146]

---

[143] Vgl. o. V.: MTV und ver.di kommen, Spreesinus geht (2004). S. 21.
[144] Vgl. Jürgens: Strandbars müssen Mediaspree weichen (25.09.12).
[145] Vgl. Kolosowa: "So etwas wie die Bar 25 wird es nicht noch einmal geben" (25.09.12).
[146] Vgl. Regionalmanagement media spree e.V. (Hrsg.): Intro (2005). S. 12.

Trotz dem die BSR einige von Erfolg gekrönte Jahre der Bar 25 später noch immer keinen Käufer für das Grundstück gefunden hatte, kündigte sie ihr den Ende 2007 den bestehenden Mietvertrag.
Der BSR zufolge erfolgte diese Maßnahme, weil das Wasser- und Schifffahrtsamt das Unternehmen aufgefordert hatte, umgehend die marode Uferbefestigung zu erneuern. Mediaspree Kritiker jedoch vermuten, die Eigentümerin hätte sich durch ein geräumtes Grundstück lediglich bessere Verkaufschancen versprochen, da sie nun schon so lange ohne Erfolg auf einen Käufer wartete.
Da diese Kündigung von den Barbetreibern konsequent ignoriert wurde, erhob die Eigentümerin im April 2008 die Räumungsklage gegen die Zwischennutzer.[147]
Auf die entsprechende Verhandlung vor Gericht am 12. Dezember 2008 erfolgte völlig unerwartet und nach langen Widerständen seitens der Barbetreiber noch im Jahr 2008 eine Verlängerung des Mietverhältnisses bis zum August 2009.
Diesen Kompromiss ging die BSR jedoch nur unter der Zusicherung durch die Zwischennutzer ein, dass das Areal pünktlich zum 1. September, also genau einen Tag später, komplett geräumt sein würde.[148]

Im September 2010 schloss die Bar 25 dann endgültig ihre Pforten.[149]

Megaspree

Begleitet wurden diese Ereignisse von weiteren Protesten seitens der Anwohner und Mediaspree Gegner.
Verschiedene Clubs, Strandbars, Kunst- und Kulturschaffende formierten sich ein Jahr nach dem erfolgreichen Bürgerentscheid ‚Spreeufer für alle' zum Bündnis Megaspree, um gegen die Mediaspree Pläne einzutreten.
Zu den Mitgliedern dieser Formation zählte auch die Bar 25.
Ihr Betreiber Juval Dieziger war Mitorganisator einer gigantischen Demonstration namens ‚Megaspree – Die Zeit ist reif', die am 11. und 12. Juli 2009 mit insgesamt zwölf Musikwagen durch Berlin zog. Während die Polizei von lediglich 2.500 Teilnehmern dieses Protestzuges sprach, hieß es seitens der Bar 25 Betreiber, zwischen 8.000 und 9.000 Demonstranten hätten sich an diesem Tag mit ihnen zusammen gegen die Mediaspree

---

[147] Vgl. Jürgens: Strandbars müssen Mediaspree weichen (25.09.12).
[148] Vgl. Kolosowa: "So etwas wie die Bar 25 wird es nicht noch einmal geben" (25.09.12).
[149] Vgl. Spangenberg: "Kater" (25.09.12).

Planungen erhoben. Ziel und Hauptanliegen dieser Aktion war ein runder Tisch mit dem Regierenden Bürgermeister.[150]

Bei einem runden Tisch handelt es sich um eine Zusammenarbeit zwischen den Freizeiteinrichtungen bestimmter Ortsteile, freien Verbänden, der entsprechenden Bezirksämter, Vertretern von Selbsthilfegruppen, Anwohnern, Mieterbeiräten und anderen mit dem Ziel, ein sicheres und friedvolles Zusammenleben der Anwohner und eine Verbesserung des Wohnumfeldes zu erreichen.[151]

Weitere Entwicklung nach der Schließung der Bar 25

Nachdem die Bar 25 hatte schließen müssen, entschlossen sich ihre Betreiber, in der Michaelkirchstraße 22 in Berlin Mitte einen gebürtigen Nachfolger für sie zu erschaffen.
Auf dem Gelände der denkmalgeschützten Seifenfabrik ließen sie deshalb ein Ensemble aus Theater, Restaurant, Kino, Lounge und Ausstellungsort und Strandbar entstehen.
Das so ins Leben gerufene Kater Holzig wird betrieben vom ehemaligen Bar 25 Betreiber Klenzendorf und anderen Berliner Kulturschaffenden, die sich zur Kater Holzig GmbH zusammen geschlossen haben.

Die Initiatoren legten jedoch von Anfang an Wert auf die Tatsache, dass dies keine neue Bar 25 und auch kein einfacher Technoclub werden soll. Sie bezeichnen ihr Werk als Kulturtagesstätte, die in erster Linie Kunst zusammen führen soll.
Auch bei diesem Projekt handelt es sich jedoch wieder nur um eine Zwischennutzung, da auf dem Gelände der Bau von Wohnungen und Gewerbeflächen geplant ist.[152]

Anfang 2012 sah es so aus, als hätte das Grundstück der ehemaligen Bar 25 endlich einen Käufer gefunden. Ein Münchner Entwickler befand sich in bereits relativ weit fortgeschrittenen Verhandlungen mit der BSR, die Büros und Studentenwohnungen für den Standort vorsahen.
Zu besagtem Zeitpunkt jedoch äußerten noch weitere Investoren ihr Interesse am Grundstück, sodass ein bedingungsfreies Höchstbieterverfahren eingeläutet wurde.

Im Rahmen dieses Verfahren wurde das Areal wieder mit den Informationen des sieben Jahre alten Bebauungsplanes ausgeschrieben, in dem noch von einer massiven Bebau-

---

[150] Vgl. Lehmann: Für ein freies Spreeufer (2009). S. 36.
[151] Vgl. Bezirksamt Steglitz-Zehlendorf von Berlin: Runde Tische und Stadtteilkonferenzen (28.09.12).
[152] Vgl. Spangenberg: "Kater" (25.09.12).

ung und einem Büroturm die Rede war. Diese Pläne hielten bis dato jedoch die meisten Verfolger der Geschehnisse aufgrund des erfolgten Bürgerentscheids in 2008 für hinfällig.
Der Bezirksbürgermeister selbst zeigte sich überrascht und beteuerte, er habe von dieser Absicht nichts gewusst und hätte sogar noch kurze Zeit vorher mit der Geschäftsführung der BSR vereinbart, die Pläne an die Interessen der Bezirkseinwohner anzupassen.
Dies sollte im Konkreten heißen, die im Bebauungsplan festgelegte Geschossfläche würde halbiert, der Abstand zum Spreeufer erhöht und vom Bau eines Hochhauses würde abgelassen werden.
Der Bezirksbürgermeister forderte in Folge dieser Ereignisse, das Bieterverfahren sofort auszusetzen.

Dies lehnte die BSR ab und begründete ihre Entscheidung damit, dass sie dem Steuerzahler gegenüber verpflichtet sei, das betroffene Grundstück an den Meistbietenden zu verkaufen und damit das Vermögen des landeseigenen Unternehmens optimal zu vermehren.[153]

Auch, wenn innerhalb der BSR spekuliert wird, dass unter den gegebenen Umständen sowieso kein Entwickler die im Bebauungsplan festgeschriebene, maximale Baumasse voll ausschöpfen würde, ist es Tatsache, dass der Bezirk es genehmigen müsste, wenn es doch so wäre.[154]

Konzept Holzmarkt

Während das Bieterverfahren also in vollem Gange und vielseitig umstritten war, existierten im Großen und Ganzen zwei vollkommen unterschiedliche Konzepte für das Areal in der Holzmarktstraße.

Der erste dieser Entwürfe (siehe Abbildung 7) entspricht der Grafik auf dem veröffentlichten Verkaufsexposé für das Grundstück. Das sogenannte Quartier an der Michaelbrücke besteht aus einem dreiteiligen Glas-Beton-Bau, in den ein 82 Meter großes Hochhaus integriert ist. Die Bebauung erfolgt laut diesem Entwurf bis nahezu an das Spreeufer heran.

---

[153] Vgl. Heier/ Wagner: Künstlerdorf statt Bar 25 (16.06.12).
[154] Vgl. Heier/ Wagner: Künstlerdorf statt Bar 25 (16.06.12).

Abbildung 7: Quartier an der Michaelbrücke
(Quelle: Heier/ Wagner: Künstlerdorf statt Bar 25 (16.06.12))

Der zweite Entwurf hingegen, den die ehemaligen Bar 25 Betreiber vorgestellt haben, sieht mit seinem sogenannten Kreativdorf eine weitaus kleinteiligere Bebauung vor.
Der auf diese Weise geschaffene Freiraum soll Künstlern und Kreativen kostengünstig zur Verfügung gestellt werden.

Abbildung 8: Kreativdorf
(Quelle: Heier/ Wagner: Künstlerdorf statt Bar 25 (16.06.12))

Nach dem in Abbildung 8 visualisierten Konzept des eigens für das Projekt gegründeten Mörchenpark e.V. sollte dieses Künstlerdorf auf der Hälfte der zur Verfügung stehenden 19.000 Quadratmeter Spreeufer entstehen.
Eine hauseigene Stiftung, ein in das Projekt integriertes Hotel sowie ein Club und ein Restaurant sollten dieses Konzept finanzieren. Auch die Errichtung von Wohnungen war eine mögliche Ergänzung für die Initiatoren.

Auf der anderen Hälfte des Grundstücks würde nach diesem Konzept eine Grünfläche geschaffen werden, die beispielsweise für Konzerte oder Ausstellung würde.

Obwohl die ehemaligen Bar 25 Besitzer auf der Seite der Mediaspree Gegner stehen und immer standen, sind nicht alle Mediaspree Versenken Mitglieder überzeugt von den Plänen. Diese fordern einen generellen Stopp der Privatisierungen am Spreeufer.
Da der Verkauf des Grundstücks an die Kater Holzig Betreiber auch eine solche Privatisierung darstellt, wird auch diese Lösung von vielen Seiten abgelehnt.[155]

Am 24. September diesen Jahres haben die Bewerber für das Grundstück der BSR der Öffentlichkeit ihre Pläne für das Areal vorgestellt.
Das aktuelle Konzept der ehemaligen Bar 25 Betreiber sieht vor, mithilfe der gegründeten Holzmarkt Genossenschaft zusätzlich zu den bisherigen Planungen des Künstlerdorfes ein IT-Gründerzentrum sowie studentisches Wohnen zu schaffen.

Realisiert werden sollte dies mit der Hilfe der schweizerischen Pensionskasse Abendrot, die im Rahmen des Bieterverfahrens zehn Millionen Euro für das Grundstück bot, um der Holzmarkt Genossenschaft im Falle des Zuschlags das Erbbaurecht für das Grundstück zu überlassen.[156]

Einer der beiden Konkurrenten im Bieterverfahren, der Elektroanlagenbauer Elpro GmbH, sah entsprechend dem noch immer gültigen Bebauungsplan die Errichtung eines Hochhauses sowie drei neungeschossige Neubauten vor. Geplant waren Wohnungen, ein Zentrum für Demenzkranke und eine Kita.

Das Abgeordnetenhaus äußerte jedoch kürzlich seine Bedenken in Bezug auf diesen potenziellen Käufer, da es sich bei dem Geschäftsführer des Unternehmens gleichzeitig um ein Mitglied im Aufsichtsrat der BSR handelt.
Auch die SPD forderte von der BSR, das Areal direkt an die Holzmarkt eG zu vergeben.[157]

Das Bieterverfahren für das Grundstück in der Holzmarktstraße endete am 26. September.[158]
Am Abend des 2. Oktober verkündeten die Berliner Morgenpost und die Kater Holzig Betreiber, der Kaufvertrag sei soeben unterschrieben und notariell beglaubigt worden.

---
[155] Vgl. Heier/ Wagner: Künstlerdorf statt Bar 25 (16.06.12).
[156] Vgl. Puschner: Letzter Aufruf für den Holzmarkt (29.09.12).
[157] Vgl. Flatau: Spreeufer (25.09.12).
[158] Vgl. ebd.

Den Aussagen der BSR zufolge gab letztendlich die Holzmarkt Genossenschaft das höchste Gebot ab und erhielt somit den Zuschlag.
Den Formalitäten entsprechend ist der Kauf jedoch erst dann rechtlich wirksam, wenn der Aufsichtsrat der BSR seine Zustimmung gegeben hat.[159]

Am 17. Oktober wird dieser tagen und dann endgültig über die Grundstücksvergabe entscheiden.[160]

6.3.7.3 Vergleich Anschutz Areal und SpreeUrban im Kontext des Beteiligungsprozesses

Der Vergleich der beiden Grundstücke erfolgt an dieser Stelle in Form einer tabellarischen Darstellung der Gemeinsamkeiten (siehe Tabelle 10) und Unterschiede (siehe Tabelle 11).
Im Anschluss daran erfolgt eine Auswertung der einzelnen Aspekte.

Tabelle 10: Gemeinsamkeiten zwischen Anschutz Areal und SpreeUrban

Anschutz Areal	SpreeUrban
Mitgliedschaft der Eigentümer / Entwickler im Regionalmanagement mediaspree e.V.	
Pläne erregten mehr öffentliches Interesse, als die meisten anderen Mediaspree Grundstücke	
Bebauungspläne sind festgesetzt	

Quelle: eigene Darstellung in Anlehnung an die Inhalte von Kapitel 6

---

[159] Vgl. o. V.: Areal der Berliner Bar 25 geht an Betreiber von Kater Holzig (02.10.12).
[160] Vgl. Flatau: Spreeufer (25.09.12).

Tabelle 11: Unterschiede zwischen Anschutz Areal und SpreeUrban

Anschutz Areal	SpreeUrban
Grundstück hatte vor O2 World kaum Bedeutung für die Anwohner	Zwischennutzer Bar 25 war etablierter Berliner Touristenmagnet
↓	↓
erst mit dem Bau der O2 World kamen Proteste auf (verspätete Bürgerbeteiligung)	bereits in der Planungsphase wurde stark protestiert (frühzeitige Bürgerbeteiligung)
↓	↓
Pläne der Anschutz Group nicht mehr beeinflussbar	Bebauungsplan soll geändert werden

Quelle: eigene Darstellung in Anlehnung an die Inhalte von Kapitel 6

Die Tabellen machen deutlich, dass im Grunde genommen beide Grundstücke dieselben Chancen hinsichtlich ihrer Beteiligungsmöglichkeiten hatten.

Für beide Grundstücke existiert ein festgesetzter Bebauungsplan und sowohl die Anschutz Entertainment Group als auch die SpreeUrban Entwicklungsgesellschaft mbH & Co. KG der BSR waren Mitglied im Regionalmanagement mediaspree e.V..

Trotzdem verlief die Entwicklung beider Areale ausgesprochen unterschiedlich.

Ein Hauptgrund hierfür stellen ihre jeweiligen Vorgeschichten dar.

Während der Kauf des Grundstücks an der Mühlenstraße durch die Anschutz Entertainment Group sowie ihre entsprechenden Pläne für das Gebiet kaum Aufmerksamkeit erregten, erfuhr der Besitzer des Grundstücks in der Holzmarktstraße bereits durch die Verdrängung seines Zwischenmieters großen Widerstand durch die Bevölkerung. Die Bar 25 stellte inzwischen eine Institution dar, die Anwohner und Besucher Berlins nicht mehr missen wollten. So kam es dazu, dass bereits in der Planungsphase des BSR Grundstücks umfangreiche Beteiligungsmaßnahmen durchgeführt wurden.

Hat der Aufruhr um den Bau der O2 World also möglicherweise die erfolgte Bürgerbeteiligung erst ins Rollen gebracht, kann das SpreeUrban Gebiet heute seinen Nutzen daraus ziehen, indem der entsprechende Bebauungsplan geändert wird.

Der Bezirk steht heute auf Seiten der ehemaligen Bar 25 Besitzer und unterstützt ihre Pläne für eine kleinteilige Bebauung des Spreeufers in der Holzmarktstraße.

Aus heutiger Sicht kann also über die Beteiligung am Grundstück der Anschutz Group gesagt werden, dass sie definitiv hätte früher erfolgen müssen, um die Pläne des Investors noch beeinflussen zu können. Die weitere Entwicklung des Areals liegt einzig und allein in den Händen von Anschutz und die Anwohner müssen dies akzeptieren.

Anders verhält es sich jedoch mit dem Grundstück, das seine ehemaligen Zwischennutzer kürzlich käuflich erwerben konnten. Ihr gemeinnütziges Konzept eines Kreativdorfs kann nun hier realisiert werden und es steht dem Areal eine Bebauung bevor, die im Sinne der Anwohner Friedrichshain-Kreuzbergs ist.

6.3.8 Fazit

Das im Rahmen der Mediaspree Planungen durchgeführte Beteiligungsverfahren ist insgesamt als erfolgreich zu bewerten.

Man hat es in diesem Fall geschafft, die Bürger eines Bezirks auf eine Fehlentwicklung aufmerksam zu machen, die sich in ihrer direkten Umgebung seit Jahren angebahnt hatte. Außerdem kam es zu einer Feststellung des Bürgerwillens in Friedrichshain-Kreuzberg. Obwohl der erfolgreich durchgeführte Bürgerentscheid nur empfehlenden Charakter hatte, konnten einige Planungen korrigiert werden und es wurde für die noch kommenden Entwicklungen definitiv ein kommunikativer und somit konstruktiver Prozess eingeleitet.

Der bestehende Bebauungsplan für das Grundstück SpreeUrban soll laut Entscheidung des Bezirksamtes und der Bezirksverordneten Friedrichshain-Kreuzbergs noch in diesem Jahr geändert werden und auch die Beteiligung der Mediaspree Gegner am Sonderausschuss ist positiv hervorzuheben, da eine Öffentlichkeitsbeteiligung in derartigen Gremien normalerweise nicht stattfindet.

Negativ zu bewerten ist jedoch, dass in diesem Verfahren aus verschiedensten Gründen von Vornherein nur sehr wenig Handlungsspielraum für Veränderungen existierte und dass die einzelnen Interessen von Politikern, Initiativenmitgliedern und Eigentümern außerordentlich widersprüchlich waren.

Außerdem darf nicht vergessen werden, dass die Informationen zu den Mediaspree Planungen definitiv früh genug veröffentlicht worden sind, damit eine ebenso frühzeitige Bürgerbeteiligung hätte eingeleitet werden können.

An diesem Beispiel ist besonders gut zu erkennen, wie wichtig es insbesondere bei derart großen Bauvorhaben ist, sich zum einen seitens der Entwickler frühzeitig um die Beteiligung der Bürger und damit um deren Akzeptanz zu bemühen und zum anderen seitens der Bürgerschaft die gegebenen Beteiligungsmöglichkeiten auch rechtzeitig wahrzunehmen, damit spätere Konflikte eindämmbar sind.[161]

Weiterhin kann aus den Geschehnissen an der Spree das Fazit gezogen werden, dass rein finanziell begründete Interessen nicht als Grundlage für hochwertigen Städtebau dienen sollten und können.
Sind im Zusammenhang mit der Stadtplanung in der Vergangenheit Fehler begangen worden, besteht für die Verantwortlichen in der Gegenwart die Pflicht, diese Fehler zu korrigieren.[162]

Trotzdem hat der Berliner Senat dieses derart umstrittene und hart kritisierte Thema noch immer nicht abgeschlossen oder sich für die Bürgerinteressen stark gemacht, weil er im Rahmen dieser neoliberalen Politik nicht die Macht besitzt, sich gegen die Interessen von Investoren zu stellen.
Die vielen Proteste um die Mediaspree zeigen jedoch, dass in der Stadtpolitik Berlins einige falsche Entscheidungen getroffen wurden und sich andeutende Widerstände einfach verdrängt wurden.
Bei dieser Breite von mobilisierten Bürgern kann nicht mehr von einem Nischenprotest gesprochen werden, denn hier handelt es sich um unzählige Aktionsebenen und unterschiedlichste Akteure, die sich mit der aktuellen Entwicklung einer der attraktivsten und wichtigsten Gebiete Berlins nicht zufrieden geben wollen und können.[163]

---

[161] Vgl. Senatsverwaltung für Stadtentwicklung Berlin: Handbuch zur Partizipation (2011). S. 264f.
[162] Vgl. Jung: Mediaspree - was nun? (20.09.12).
[163] Vgl. Thiele: Kreative Stadt als Medium der Stadtentwicklung (2011). S. 82f.

7. Fazit und Ausblick

Ziel dieses Buches war und ist es, dem Leser die Weite seiner partizipativen Möglichkeiten auf kommunaler Ebene näher zu bringen, die Relevanz und Aktualität der behandelten Thematik zu vermitteln sowie Anregungen dahingehend zu geben, wie Bürger und Kommunen eine optimierte Basis für Bürgerbeteiligung schaffen können.

Im Folgenden sollen deshalb alle behandelten Kapitel noch einmal kurz auf ihre Relevanz bezüglich dieser Zielstellung hin überprüft werden, um ein abschließendes Ergebnis der vorgenommenen Untersuchung formulieren zu können.
Ein finaler Ausblick auf zu erwartende, künftige Entwicklungen im Rahmen der Berliner Partizipation soll den Abschluss dieser Studie bilden.

7.1 Bewertung der Zielstellung

Kapitel zwei dieser Thesis befasste sich einleitend mit dem Thema Demokratie. Die Einordnung der behandelten Thematik in die politische Ordnung Deutschlands wurde an dieser Stelle vorgenommen und ihre Relevanz für die kommunale Ebene erläutert. Hiermit sieht sich die kommunale Orientierung dieser Studie begründet.

Grundlagen wie die grundsätzlichen Ziele, Akteure, Formen, rechtlichen Gegebenheiten und Verbindlichkeiten in der Bürgerbeteiligung wurden geklärt, um eine Basis für die darauf folgenden Ausführungen zu bilden und um auf das Ziel hinzuarbeiten, dem Leser die verschiedenen Möglichkeiten von Partizipation näher zu bringen.

Letzteres stellt ebenso die Funktion der Kapitel drei und vier dar. Hier wurde der Unterschied zwischen formeller, also gesetzlich geregelter, sowie informeller Beteiligung erläutert und verschiedene Methoden der Bürgerbeteiligung wurden hinsichtlich ihrer Merkmale untersucht und bewertet. Eine Übersicht der wichtigsten Fakten zu jeder der behandelten Methoden stellt die optimale Basis für eine praktische Anwendung durch den Leser dar.
Außerdem wurde in Kapitel vier das Verfahren eines Bürgerentscheides geschildert, welches im praktischen Teil dieses Buches noch von zentraler Bedeutung sein sollte.
Kapitel fünf schließlich verfolgte die Absicht, die Tragweite der erörterten Thematik näher zu bringen und anwendbare Strategien für Bürger und Kommunen zu entwickeln.

Die hier durchgeführte SWOT Analyse erläuterte unter anderem Berlins Chancen, die sich aus der Lokalen Agenda 21 sowie der ‚ServiceStadt Berlin 2016' ergeben, sie brachte dem Leser die Risiken näher, die aus dem immer heterogener auftretenden Bürgerinteresse und dem Mangel an finanziellen Mitteln seitens der Bezirke entstehen, sie führte Stärken der Bürgerbeteiligung wie qualitativ hochwertigere Planungsergebnisse sowie deren größere Akzeptanz in der Bevölkerung auf und untersuchte zu guter Letzt auch die Schwächen der Partizipation, die sich in Form von verschreckten Investoren oder von der Themenkomplexität überforderten Bürgern äußern können.

Die Relevanz der Bürgerbeteiligung auf kommunaler Ebene wurde durch diese Ausführungen sehr deutlich.

Die aus ihnen formulierten Strategien, die sich für Bürger und Kommunen ergeben, stellen einen Teil der erwähnten Anregungen dar, die diese Studie den Akteuren bürgerlicher Partizipation zu geben beabsichtigte.

Wichtige Strategien, die sich im Rahmen dieser SWOT Analyse ergeben haben, lauten:

- ✓ **verstärkte Öffentlichkeitsarbeit** weckt politisches Interesse und schafft Transparenz, Akzeptanz und Nachhaltigkeit
- ✓ **frühzeitige Information** und **Bemühung um politische Unterstützung** gewährleisten Interessenausgleich
- ✓ **klare Regeln für die Ermittlung des Bürgerbedarfs und die Finanzmittelverteilung** vermeiden unnötige Investitionen durch Kommune
- ✓ mit an bestimmte soziale Gruppen **angepassten Kommunikationsstrategien** und **verstärkter Internetpräsenz** der Verwaltung können mehr soziale Gruppen und somit repräsentativere Beteiligungsergebnisse erreicht werden

Die Bedeutung von Partizipation vor allem auf kommunaler Ebene sowie die Aktualität der Thematik wurden insbesondere in Kapitel sechs deutlich.

Nachdem zunächst ein Abriss der immobilienwirtschaftlich relevanten Geschehnisse in Berlin und konkret im Bezirk Friedrichshain-Kreuzberg seit dem 19. Jahrhundert bis heute erfolgte, wurden die genauen Ereignisse, Akteure und Auswirkungen der Mediaspree und der durch sie hervorgerufenen Proteste dargelegt.

Diese gipfelten im Bürgerbegehren ‚Spreeufer für alle', dessen Ablauf genau beleuchtet wurde, um auf diese Weise seine in Kapitel vier bereits erläuterten, theoretischen Rahmenbedingungen anhand eines praktischen Beispiels verständlicher zu machen.

Seine Tragweite und Bedeutung für die Mediaspree brachten dann die zwei konkreten Beispiele des Anschutz Areals sowie des SpreeUrban Grundstücks dem Leser näher.

Die Analyse dieser beiden Gebiete am Spreeufer erfolgte zunächst anhand einer Untersuchung der sie betreffenden, relevanten Ereignisse in den letzten Jahren, um sie dann in den Kontext der erfolgten Bürgerbeteiligung zu bringen und sie dahingehend zu vergleichen.

Das Ergebnis dieser Betrachtung war, dass eines der beiden Grundstücke, das der heutigen O2 World und bald auch Heimat des Mercedes-Benz Vertriebs, als ein Paradebeispiel für verspätete und damit gescheiterte Partizipation anzusehen ist.

Das andere, das Grundstück im Besitz der BSR, erfuhr durch den erfolgreichen Bürgerentscheid eine komplette Wendung in seiner geplanten Entwicklung und wird nun letztendlich einem Nutzer zugeführt, für den sich die Anwohner Friedrichshain-Kreuzbergs und Berlins insgesamt stark gemacht haben.

Dieses praktische Beispiel stellt dem Leser optimal dar, wie wichtig die in Kapitel fünf ausgearbeiteten Strategien für einen partizipativen Prozess sind und wie schnell ein solcher scheitern kann, wenn sie nicht befolgt werden.

Andersherum wird auch ersichtlich, dass bei der Einhaltung solcher Regeln eine umfangreiche Mobilisierung unzähliger Bürger und damit eine erfolgreiche Beteiligung entstehen kann, um die Geschichte eines Grundstücks, dem eine dichte Hochhausbebauung nahezu sicher war, komplett zu verändern.

Mit Hilfe der politischen Unterstützung durch den Bezirk kann so in Kürze ein Projekt verwirklicht werden, das statt einer Bereicherung eines ausländischen Investors eine Bereicherung für die Anwohner Friedrichshain-Kreuzbergs darstellt.

Damit ist festzustellen, dass diese Thesis das ihr zugrunde liegende Ziel in jeder Hinsicht erreichen konnte.

Es wurden verschiedene Möglichkeiten der Beteiligung aufgezeigt, die zum Teil an späterer Stelle zusätzlich anhand eines praktischen Beispiels veranschaulicht wurden. Letzteres konnte ebenfalls die Tragweite erfolgreicher Partizipation und auch die Aktualität der Thematik näher bringen.

Auch die beabsichtigten Anregungen und Strategien konnten im Rahmen dieser Studie entwickelt werden, um einigen der angesprochenen Probleme Berlins wie der zunehmenden Übermacht der Investoren gegenüber der Bezirksverwaltung oder dem Haushaltsdefizit vieler Bezirke entgegen wirken zu können.

Die in diesem Zusammenhang theoretisch formulierten und praktisch untermauerten Handlungsempfehlungen sollen Bürger und Kommunen dabei unterstützen, die eingangs kritisierte ‚Zuschauerdemokratie' hinter sich zu lassen und wieder selber aktiv an politischen Entscheidungen mitzuwirken, um der Demokratie neue Stabilität zu verleihen.

Die Bürger müssen wieder Vertrauen in politische Entscheidungen gewinnen und das gelingt nur, indem die Politik die Bürgerschaft an solchen beteiligt. Dabei ist es wichtig zu verstehen, dass politische Führung kein überflüssiges Instrument aus vergangenen Tagen darstellt. Politische Führung wird aus eben dem Grund benötigt, das Potenzial bürgerschaftlicher Partizipation optimal nutzen zu können.[164]

Denn nur so entsteht eine gemeinsame Handlungsfähigkeit, die zentrale Probleme unserer Gesellschaft zu lösen vermag. Dies ist der Sinn von Partizipation.[165]

7.2 Ausblick

Der Prozess, der sich in den vergangenen Jahren um die Mediaspree ereignet hat, brachte neuen Wind in das Thema Bürgerbeteiligung.
Unzählige Menschen sind für ihren Bezirk auf die Straße gegangen und haben Petitionen unterschrieben. Den Bürgern wurde wieder ins Gedächtnis gerufen, dass sie ein Mitspracherecht haben und es hier und heute darauf ankommt, wie dieses genutzt wird.

Es werden auch weiterhin als Berliner Kulturgut geltende Grundstücke an der Spree in den Besitz von Investoren übergehen, die dem Konzept Mediaspree entsprechende Bebauungen vornehmen, Mietpreisanstiege auslösen und Anwohner vertreiben.
Diese Art von Verdrängung ist jedoch, bis zu einer bestimmten Grenze, ein Prozess, der sich schon immer vollzogen hat und der in einer Großstadt wie Berlins nahezu unvermeidlich ist.

Wichtig hierbei ist, dass die Interessen der Anwohner nicht untergehen und wie im Fall des aktuell befürchteten Verkaufs des YAAM an Hochtief auch durch die Politik bereits im Vorfeld klar gestellt wird, dass der Käufer eines kulturell bedeutsamen Grundstückes sich im Fall seiner konsequenten Verdrängung dieser Kultur und der Bedürfnisse der ansässigen Bürgerschaft mit Widerstand rechnen muss.[166]
Nur so können Kompromisse gefunden und die Anliegen aller Beteiligten berücksichtigt werden.

---

[164] Vgl. Meister/ Oldenburg: Beteiligung - ein Programm für Politik, Wirtschaft und Gesellschaft (2008). S. 160.
[165] Vgl. Roth: Bürgermacht (2011). S. 307.
[166] Vgl. Loy: Bürotürme bedrohen Yaam-Projekt (02.10.12).

Größere Verantwortung als die Investoren tragen jedoch die Zuständigen in der Politik. Wie vorangegangen bereits angeführt, ist die Bezirksverwaltung Friedrichshain-Kreuzbergs dazu verpflichtet, Fehler aus der Vergangenheit nicht fortzuführen, sondern sie so gut wie möglich zu korrigieren.

Es muss trotz der Entstehung der Mediaspree zukünftig darauf geachtet werden, dass die Kultur und die Kreativität, mit der Investoren und Medienkonzerne nach Berlin gelockt werden sollen, durch eben diese nicht zerstört werden.

Ebenso müssen Regelungen geschaffen werden, die einem Verkauf an den Meistbietenden unabhängig von seinen Plänen und dem Nutzen für den gesamten Bezirk entgegenstehen. Der Berliner Senat sollte andere Wege finden, um seine Haushaltslage zu verbessern.

Werden zukünftig die in diesem Buch formulierten Handlungsempfehlungen befolgt, in der Vergangenheit der Mediaspree erreichte Erfolge als Grundlage für weitere Beteiligungsprozesse genutzt und begangene Fehler künftig vermieden, können in Zukunft bürgerfreundlichere Lösungen für städtebauliche Fragen gefunden und so ein Verhältnis zwischen Bürgern und Kommunalpolitikern geschaffen werden, das von Respekt, Akzeptanz und Vertrauen geprägt ist.
Erfolgt die in Kapitel fünf thematisierte Modernisierung der Berliner Verwaltung planungsgemäß und realisiert der Berliner Senat seine, ebenfalls in diesem Kapitel erwähnten Pläne wie angekündigt, leisten diese Faktoren einen weiteren, wichtigen Beitrag für die künftige, partizipative Entwicklung in Berlin.

Ausblick YAAM

Das Kulturprojekt YAAM, kurz für ‚Young African Art Market', das seit acht Jahren am Stralauer Platz 35 den Anwohnern Friedrichshain-Kreuzbergs sportliche Aktivitäten, Konzerte und eine Strandbar bietet, hat Gerüchten zufolge das Kaufinteresse des Unternehmens Hochtief geweckt. Die Aktiengesellschaft baut in der Stralauer Allee ebenfalls derzeit die neue Deutschlandzentrale für Coca Cola.
Ebenso wie die Bar 25 wird das 10.000 Quadratmeter große Grundstück von YAAM gegen eine Pacht zwischengenutzt, bis ein Käufer gefunden ist. Und genau wie die Bar 25 handelt es sich auch hier um eine Einrichtung, die sich fest etabliert hat in Berlins Kultur- und Tourismusszene. Auch der gültige Bebauungsplan sieht, ähnlich wie beim Grundstück in der Holzmarktstraße, eine Hochhausbebauung vor. Drei Gebäuderiegel mit

jeweils acht Geschossen können hier realisiert werden. Sollte ein Investor wie Hochtief das Areal erwerben, wird dies höchstwahrscheinlich auch passieren.[167]
Auch der Bezirksbürgermeister Friedrichshain-Kreuzbergs, der ebenfalls die Kater Holzig Betreiber bei ihren Plänen für das neu erworbene Grundstück unterstützt, beurteilt die Chancen für das YAAM eher schlecht, an seinem Standort bleiben zu können. In rechtlicher Hinsicht steht einem Verkauf nichts entgegen.

Hier sind wieder einmal Politiker und Bürger gefragt.
Während das YAAM bereits eine Online-Petition für die Erhaltung ihres Geländes gestartet hat, werden Lösungen zur Verhinderung des Verkaufs gesucht, wie der Vorschlag eines Alternativgrundstückes für den Investor.
Auch zentral ist die Frage, welche Nutzung ein potenzieller Käufer vorsieht. Eine Büronutzung beispielsweise könnte man mit der Weiterführung des Pachtvertrages mit dem YAAM vereinen.[168]

Dies stellt also einen weiteren Einzelfall der Mediaspree dar, in dem es in den folgenden Wochen und Monaten darum gehen wird, eine intensive und frühzeitige Bürgerbeteiligung einzuleiten und zu koordinieren, Kompromisslösungen auszuarbeiten, um diese mit den Investoren zu verhandeln und politische Unterstützung sicherzustellen.
Nur so erzielen die YAAM Betreiber und ihre Unterstützer am Ende einen solchen Erfolg, wie er der Holzmarkt Genossenschaft am 2. Oktober 2012 zuteilwurde.

---

[167] Vgl. Flatau: Berliner Grüne wollen den "Yaam"-Klub retten (02.10.12).
[168] Vgl. Loy: Bürotürme bedrohen Yaam-Projekt (02.10.12).

Anhang

Tabelle 12: Eigenschaften der Methoden bürgerlicher Beteiligung

	Bürgerpanel	Bürgerversammlung	Open Space	Planungszelle	Zukunftswerkstatt	E-Partizipation
Dauer	mehrere Jahre	max. 3 Stunden	½ bis 3 Tage	3 bis 4 Tage	3 Stunden bis 3 Tage	keine Einschränkungen
Themen	Kommunalpolitik, Stadtentwicklung	regional u. lokal, z. B. Flächennutzungsplanung	keine Einschränkungen	stadtplanerische Probleme im Wohngebiet	planungsrelevante Ideen	keine Einschränkungen
Beteiligte	500-1.000, stichprobenartige Auswahl	beliebige Anzahl an eingeladenen Betroffenen	mind. 25, freier Zugang	max. 30, zufällig ausgewählt	max. 32 (relativ homogen)	keine Einschränkungen
Ablauf	Information, Befragung, Kommunikation	Information, Diskussion, Abstimmung	Festlegung der Tagesagenda, Bearbeitung in Arbeitsgruppen	Information, Bewertung	Bestandsaufnahme, Visionsphase, Realisierungs-phase	keine Vorgaben
Ziele	Interesse für öffentliche Themen wecken, Informationen über Bürgeranliegen sammeln, Identifikation der Bürger mit Kommune stärken	Bürger informieren, Diskussion anregen, Informationen über Bürgeranliegen sammeln	Meinungsaustausch u. Mobilisierung der Bürger zur Lösungsfindung	Erstellung eines Bürgergutach-tens für die Kommune zur Lösungsfindung	Förderung kreativer Ideen der Bürger zur Lösung komplexer Probleme und Planung einer gemeinsamen Zukunft	Bürger über Planungen u. Vorhaben informieren, Bürgeranregungen wahrnehmen → Ergänzung zu traditionellen Methoden
Formalität	formell	formell	informell	formell	informell	informell, teilweise bereits formell

Quelle: eigene Darstellung in Anlehnung an die Inhalte von Kapitel 4.1 bis 4.6

Tabelle 13: Chancen, Risiken, Stärken, Schwächen und sich daraus ergebende Strategien

	Chancen:	Risiken:

	• wachsende Bereitwilligkeit zu gesellschaftlichem Engagement
	• steigende Anzahl älterer Menschen (→ mehr freiwilliges Engagement)
	• Modernisierung der Berliner Verwaltung
	• Pläne der Senatsverwaltung:
	  ▪ stärkere Anerkennung für bürgerliches Engagement
	  ▪ intensivere Beteiligung im Planungsstadium
	  ▪ mehr Möglichkeiten zur Partizipation für Kinder und Jugendliche
	  ▪ Einführung neuer Partizipationsformen (bspw. mehr Bürgerhaushalte)
	  ▪ regelmäßige Information über Erfordernisse und Ziele bürgerschaftlichen Engagements
		• Rückgang des langfristigen Engagements in Verbänden oder Parteien
		• zunehmende soziale Unterschiede → kein einheitliches Bürgerinteresse mehr
		• fehlende finanzielle Mittel seitens der Verwaltung

Stärken: • erhöhte Qualität von Planungsergebnissen • Vermeidung unnötiger Investitionen durch Kommunen • Interessenausgleich zwischen Verwaltung und Betroffenen → stärkere Akzeptanz → nachhaltigere Lösungen • gesteigertes Interesse an Politik → Wille zu demokratischer Teilhabe	✓ mehr Öffentlichkeitsarbeit: v.a. Jugend intensiver einbinden (Internet), um politisches Interesse zu wecken u. mit ihrer Akzeptanz nachhaltige Lösungen zu finden ✓ frühzeitig informieren (Internet), um Interessenausgleich zu gewährleisten und Akzeptanz zu erhöhen ✓ Bürgerseite sichert ebenso frühzeitig die Unterstützung durch Politik zwecks Interessenausgleich ✓ regelmäßige Information schafft Transparenz zwischen allen Beteiligten und der Verwaltung, um Motivation und Akzeptanz zu erhöhen	✓ klare Regeln für die Ermittlung des Bürgerbedarfs und die Finanzmittelverteilung, um unnötige Investitionen zu vermeiden und Geld zu sparen
Schwächen: • teilw. „Scheinbeteiligungen" • mangelndes Interesse u. Partizipation bestimmter Bevölkerungsgruppen • fehlende Repräsentativität • verschreckte Investoren • Gefahr der Instrumentalisierung von Beteiligungsprozessen	✓ mehr Internetpräsenz durch Verwaltung, um Interesse mehrerer sozialer Gruppen zu wecken und somit höhere Repräsentativität der Ergebnisse zu erreichen ✓ Steuerung der Beteiligung durch kompetente und unabhängige Person, um Instrumentalisierung zu vermeiden ✓ geeigneter Mix aus Fachleuten und Laien zwecks Repräsentativität	✓ Kommunikation an unterrepräsentierte soziale Gruppen wie Migranten/ untere Bildungsschichten anpassen, um auch sie zu erreichen und damit die Repräsentativität der Ergebnisse zu steigern ✓ Beteiligungsangebote an Bedürfnisse und Lebensumstände derjenigen sozialen Schicht anpassen, die erreicht werden soll, um ihr Partizipationsinteresse zu erhöhen

Quelle: eigene Darstellung in Anlehnung an die Inhalte von Kapitel 4.2.1 bis 4.2.3

Quellenverzeichnis

a) Literaturquellen

Battis, Ulrich und Michael Krautzberger, Rolf-Peter Löhr: §3 Absatz 2 Frühzeitige Öffentlichkeitsbeteiligung. In: BauGB. Baugesetzbuch. Kommentar. 11. Auflage. Verlag C. H. Beck, München 2009.

Beck, Kurt: Bürgerengagement und Bürgerbeteiligung – Neue Chancen für die Demokratie. Friedrich-Ebert-Stiftung, Bonn 2009.

Beckmann, Klaus J.: Bürgerbeteiligung in Kommunen. Anmerkungen aus der Stadtforschung zu einer aktuellen Herausforderung. Deutsches Institut für Urbanistik gGmbH, Berlin 2012.

Bundesministerium für Verkehr, Bau und Stadtentwicklung (BMVBS) und Bundesinstitut für Bau-, Stadt- und Raumforschung (BBSR) im Bundesamt für Bauwesen und Raumordnung (BBR) (Hrsg.): Bürgermitwirkung im Stadtumbau. Bundesamt für Bauwesen und Raumordnung, Bonn 2009.

Coenenberg, Adolf G. und Thomas W. Günther: Grundlagen der strategischen, operativen und finanzwirtschaftlichen Unternehmenssteuerung. In: von Colbe/ Coenenberg/ Kajüter/ Linnhoff/ Pellens (Hrsg.): Betriebswirtschaft für Führungskräfte. Eine Einführung für Ingenieure, Naturwissenschaftler, Juristen und Geisteswissenschaftler. 4. Auflage. Schäffer-Poeschel Verlag, Stuttgart 2011.

Dubilski, Petra: Berlin. 3. Auflage. DuMont Reiseverlag, Ostfildern 2012.

Hettlage, Bernd: O2 World Berlin. Die Neuen Architekturführer Nr. 139. Stadtwandel Verlag, Berlin 2008.

Höpner, Tobias: Standortfaktor Image. Imageproduktion zur Vermarktung städtebaulicher Vorhaben am Beispiel von "Media-Spree" in Berlin. Universitätsverlag der Technischen Universität Berlin 2005.

Jarass, Hans D. und Bodo Pieroth: Grundgesetz für die Bundesrepublik Deutschland. Kommentar. 11. Auflage, Verlag C. H. Beck, München 2011.

Kiesewetter, Hubert: Industrielle Revolution in Deutschland. Regionen als Wachstumsmotoren. Franz Steiner Verlag, Wiesbaden 2004.

Klages, Helmut und Kai Masser: Die Stadt im Blickfeld des Bürgers – Das Speyerer Bürgerpanel als Element beteiligungsbasierter Stadtentwicklung. Deutsches Forschungsinstitut für öffentliche Verwaltung, Speyer 2010.

Lehmann, Uwe: Für ein freies Spreeufer. Clubs und Strandbars protestieren gegen eine Überbauung. In: Allgemeine Hotel- und Gastronomie-Zeitung (2009), Nr. 29.

Meister, Hans-Peter und Felix Oldenburg: Beteiligung - ein Programm für Politik, Wirtschaft und Gesellschaft. Physica-Verlag, Heidelberg 2008.

Momper, Walter (Hrsg.): Lokale Agenda 21. Berlin zukunftsfähig gestalten. 2. Auflage, ohne Verlag, Berlin 2006.

Musil, Andreas und Sören Kirchner: Das Recht der Berliner Verwaltung. Unter Berücksichtigung kommunalrechtlicher Bezüge. 3. Auflage. Springer-Verlag, Berlin/Heidelberg 2012.

o. V.: Baugenehmigung erteilt für Campus an O2-World. Immobilien Zeitung (2012), Nr. 28.

o. V.: MTV und ver.di kommen, Spreesinus geht. In: Immobilien Zeitung (2004), Nr. 6.

Oehlrich, Marcus: Betriebswirtschaftslehre. Eine Einführung am Businessplan-Prozess. 2. Auflage. Verlag Franz Vahlen, München 2010.

Peine, Franz-Joseph: Öffentliches Baurecht. 4. Auflage. Mohr Siebeck Verlag, Tübingen 2003.

Regionalmanagement media spree e.V. (Hrsg.): Forum Kreative Spree. In: mediaspree: Wasser in der Stadt (2007), Nr. 2.

Regionalmanagement media spree e.V. (Hrsg.): Intro. In: mediaspree: Stadt am Wasser (2005), Nr. 1.

Regionalmanagement media spree e.V. (Hrsg.): Position der Investoren. In: mediaspree: Wie geht es weiter? (2008), Nr. 2.

Regionalmanagement media spree e.V. (Hrsg.): Sehnsuchtsort Fluss. Wie geht es weiter? In: mediaspree: Wie geht es weiter? (2008), Nr. 2.

Rösler, Cornelia: Klimaschutz ist nicht nur Chefsache! In: Beckmann, Klaus J. (Hrsg.): Bürgerbeteiligung in Kommunen. Anmerkungen aus der Stadtforschung zu einer aktuellen Herausforderung. Deustches Institut für Urbanistik gGmbH, Berlin 2012.

Roth, Roland: Bürgermacht. Eine Streitschrift für mehr Partizipation. edition Körber-Stiftung, Hamburg 2011.

Roth, Roland: Durch Beteiligung zur Bürgerdemokratie. In: Beck, Kurt u. Jan Ziekow (Hrsg.): Mehr Bürgerbeteiligung wagen. Wege zur Vitalisierung der Demokratie. VS Verlag für Sozialwissenschaften, Wiesbaden 2011.

Schophaus, Malte: Bürgerbeteiligung in der Lokalen Agenda 21 in Berlin. Wissenschaftszentrum Berlin für Sozialforschung, Berlin 2001.

Schulze-Wolf, Tilmann: Internetgestützte Beteiligung in formellen Planungsverfahren. In: Hatzelhoffer, Lena und Michael Lobeck, Wolfgang Müller, Claus-Christian Wiegand (Hrsg.): E-Government und Stadtentwicklung. LIT Verlag Dr. W. Hopf, Berlin 2010.

Senatsverwaltung für Stadtentwicklung Berlin: Handbuch zur Partizipation. Kulturbuch-Verlag GmbH, Berlin 2011.

Stelkens, Paul und Heinz Joachim Bonk, Michael Sachs (Hrsg.): §72 Vorschriften über das Planfeststellungsverfahren. In: Verwaltungsverfahrensgesetz. Kommentar. 7. Auflage. Verlag C. H. Beck, München 2008.

Stock, Marion: Bürgerbeteiligung als Weg zur lebendigen Demokratie. Verlag Stiftung MITARBEIT, Bonn 2009.

Stöver, Bernd: Der Kalte Krieg. Geschichte eines radikalen Zeitalters 1947-1991. Broschierte Sonderausgabe 2011. C. H. Beck Verlag, München 2007.

Strecker, Kathleen: Mediaspree Berlin: ein ehemaliges Grenzgebiet im Werteparcours. Blicke auf wertschöpfungsorientierte Raumstrategien. VDM Verlag Dr. Müller, Saarbrücken 2010.

Thiele, Katja: Kreative Stadt als Medium der Stadtentwicklung. Das Beispiel Mediaspree aus diskurstheoretischer Perspektive. In: Bürkner, Hans-Joachim (Hrsg.): Berlin zwischen Europäischer Metropolisierung und kreativer Stadtentwicklung. Imaginationen und Diskurse „von unten". Universitätsverlag Potsdam 2011.

Trattnigg, Rita: Neue Formen partizipativer Demokratie – Gelingensfaktoren und Herausforderungen. In: Zech, Sibylla (Hrsg.): Partizipativ planen – Raum entwickeln. LIT Verlag GmbH & Co. KG, Wien 2010.

Vahs, Dietmar und Jan Schäfer-Kunz: Einführung in die Betriebswirtschaftslehre. 6. Auflage. Schäffer-Poeschel Verlag, Stuttgart 2012.

Vidaud, Luis Alberto Fernández: Die Mitwirkungsrechte der Bürger und sonstiger Einwohner in Berlin. Ein Handbuch für diejenigen, die politisch zu handeln gedenken. Books on Demand GmbH, Norderstedt 2011.

Zierau, Gisela: Bonner Dialog. Bürgerengagement und Bürgerbeteiligung – Neue Chancen für die Demokratie. Friedrich-Ebert-Stiftung, Politische Akademie, Bonn 2009.

b) Internetquellen

Bezirksamt Steglitz-Zehlendorf von Berlin: Die BVV - Das Organ der bezirklichen Selbstverwaltung. Unter: http://www.berlin.de/ba-steglitz-zehlendorf/bvv/bvv-02.html (abgerufen am 18.09.2012).

Bezirksamt Steglitz-Zehlendorf von Berlin: Runde Tische und Stadtteilkonferenzen. Unter: http://www.berlin.de/ba-steglitz-zehlendorf/verwaltung/praeventionsbeirat/kiezb.html (abgerufen am 28.09.12).

Bundesministerium für Verkehr, Bau und Stadtentwicklung: Stadtumbau West. Unter: http://www.stadtumbauwest.info/ (abgerufen am 26.09.12).

bürgeraktiv Berlin: Stadtteilzentren. Unter: http://www.berlin.de/buergeraktiv/be/wissen/stadtteil.html (abgerufen am 05.09.12).

Flatau, Sabine: Berliner Grüne wollen den "Yaam"-Klub retten. Unter: http://www.morgenpost.de/berlin/article109395356/Berliner-Gruene-wollen-den-Yaam-Klub-retten.html (abgerufen am 02.10.12).

Flatau, Sabine: Spreeufer. Neue Kaufinteressenten für Berlins Club-Grundstücke[…]. Unter: http://www.morgenpost.de/berlin/article109450249/Neue-Kaufinteressenten-fuer-Berlins-Club-Grundstuecken.html (abgerufen am 25.09.12).

Heier, Erik und Katharina Wagner: Künstlerdorf statt Bar 25: oder Mega-Hochhaus? Unter: http://www.tip-berlin.de/kultur-und-freizeit-stadtleben-und-leute/kunstlerdorf-statt-bar-25-oder-mega-hochhaust (abgerufen am 16.06.12).

Höhn, Sebastian: Multifunktionsarena. Was passiert mit der O2 World? Unter: http://www.berliner-zeitung.de/sport/multifunktionsarena-was-passiert-mit-der-o2-world-,10808794,17458760.html (abgerufen am 20.09.12).

Jung, Dorothea: Mediaspree - was nun? Berlin streitet über das geplante Dienstleistungszentrum an der Spree. Unter:
http://www.dradio.de/dkultur/sendungen/laenderreport/830435/ (abgerufen am 20.09.12).

Jürgens, Isabell: Megahalle. Randalierer stören O2-World-Eröffnung. Unter:
http://www.morgenpost.de/berlin/article877258/Randalierer-stoeren-O2-World-Eroeffnung.html (abgerufen am 20.09.12).

Jürgens, Isabell: Strandbars müssen Mediaspree weichen. Unter:
http://www.morgenpost.de/berlin/article896214/Strandbars-muessen-Mediaspree-weichen.html (abgerufen am 25.09.12).

Kolosowa, Wlada: "So etwas wie die Bar 25 wird es nicht noch einmal geben". Unter:
http://jetzt.sueddeutsche.de/texte/anzeigen/473895/1/1#texttitel (abgerufen am 25.09.12).

Loy, Thomas: Bürotürme bedrohen Yaam-Projekt. Unter:
http://www.tagesspiegel.de/berlin/mediaspree-entwicklung-buerotuerme-bedrohen-yaam-projekt/7166554.html (abgerufen am 02.10.12).

Netzwerk für urbane Kultur e.V.: Investorenjubeln – Demo gegen Media Spree. Unter:
http://www.urbanophil.net/stadtentwicklung-stadtpolitik/investorenjubeln-demo-gegen-media-spree/ (abgerufen am 27.09.12).

o. V.: Anschutz-Areal: MULTI Development entwickelt Shopping Center. Unter:
http://www.presseportal.de/pm/62027/2320636/anschutz-areal-multi-development-entwickelt-shopping-center (abgerufen am: 21.09.12).

o. V.: Areal der Berliner Bar 25 geht an Betreiber von Kater Holzig. Unter:
http://www.morgenpost.de/berlin-aktuell/article109598337/Areal-der-Berliner-Bar-25-geht-an-Betreiber-von-Kater-Holzig.html (abgerufen am 02.10.12).

o. V.: Mediaspree. Gegner der O2-Arena erhalten Demoverbot. Unter:
http://www.welt.de/regionales/berlin/article2408023/Gegner-der-O2-Arena-erhalten-Demoverbot.html (abgerufen am 20.09.12).

o. V.: Mediaspree. Protest gegen Ausverkauf von Grundstücken. Unter:
http://www.berliner-zeitung.de/berlin/mediaspree-protest-gegen-ausverkauf-von-grundstuecken,10809148,16620914.html (abgerufen am 21.09.12).

o. V.: MEGASPREE. Wer wir sind. Unter: http://www.megaspree.de/wer-wir-sind/ (abgerufen am 27.09.12).

o. V.: Megaspree Sternmarsch zum Roten Rathaus. Unter: http://www.tip-berlin.de/kultur-und-freizeit-stadtleben-und-leute-events-az/sternmarsch-zum-roten-rathaus (abgerufen am 27.09.12).

Puschner, Sebastian: Letzter Aufruf für den Holzmarkt. Unter:
http://www.taz.de/Spreeufer/!102381/ (abgerufen am 29.09.12).

Schmidl, Karin: Mediaspree. Erst die Krone, dann der Stern. Unter: http://www.berliner-zeitung.de/berlin/mediaspree-erst-die-krone--dann-der-stern,10809148,17217956.html (abgerufen am 20.09.12).

Selle, Klaus: Gemeinschaftswerk? Teilhabe der Bürgerinnen und Bürger an der Stadtentwicklung. Begriffe, Entwicklungen, Wirklichkeiten, Folgerungen. Unter: http://www.pt.rwth-aachen.de/images/stories/pt/dokumente/pt_materialien/pt_materialien26.pdf (abgerufen am 24.08.12).

Senatsverwaltung für Gesundheit und Soziales: Der Berliner FreiwilligenPass. Unter: http://www.berlin.de/freiwilligenpass/informationen/index.html (abgerufen am 04.09.12).

Senatsverwaltung für Inneres und Sport: Modernisierungsprogramm „ServiceStadt Berlin 2016". Berlin 2012. Unter: http://www.berlin.de/imperia/md/content/verwaltungsmodernisierung/modernisierungsprogramm_ssb_2016.pdf?start&ts=1343742572&file=modernisierungsprogramm_ssb_2016.pdf (abgerufen am 05.09.12).

Senatsverwaltung für Stadtentwicklung und Umwelt: Agenda 21: Global denken – lokal handeln! Unter: http://www.stadtentwicklung.berlin.de/agenda21/ (abgerufen am 05.09.12).

Spangenberg, Christoph: "Kater". Nachfolger der Bar 25 öffnet. Unter: http://www.tagesspiegel.de/berlin/stadtleben/kater-nachfolger-der-bar-25-oeffnet/4395018.html (abgerufen am 25.09.12).

Stollowsky, Christoph: Pläne für Anschutz-Areal. Shoppingpalast macht Kiez-Händlern Konkurrenz. Unter: http://www.tagesspiegel.de/berlin/plaene-fuer-anschutz-areal-shoppingpalast-macht-kiez-haendlern-konkurrenz/7113304.html (abgerufen am: 21.09.12).

Vereinigte Nationen für Umwelt und Entwicklung: AGENDA 21. Konferenz der Vereinten Nationen für Umwelt und Entwicklung. Rio de Janeiro, Juni 1992. Unter: http://www.un.org/depts/german/conf/agenda21/agenda_21.pdf (abgerufen am 13.09.2012